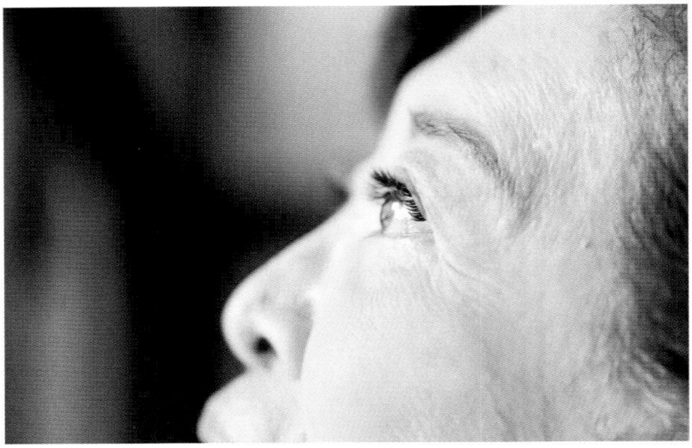

戲如妳

陳淑芳的孤味人生

目次

輯一 ● 故事

阿笑

陳笑是含著金湯匙出生的。

她出生於日治時期昭和十四年（一九三九），父親是台北州基隆郡瑞芳九份四番坑的承包商之一。四番坑位於九份溪畔，是瑞芳礦山最早開採的礦帶之一。

週歲時父母帶她出遊，在木柵指南山麓留下一張合影。在那個普遍貧窮的年代，他們一家三口皆穿著正裝，嬌嫩的她一襲小圓翻領格紋洋裝，頭戴帽沿略寬的紳士帽，頷下細巧地打著蝴蝶結繫帶，像一個被精心裝扮的洋娃娃。

陳笑出生前，父親在承包的礦區探勘到可觀的金礦礦脈，傳奇般一夕致富。

陳家聘雇了礦工一、二十人，阿笑自小看著工人在家中進進出出，冶煉金條，

陳淑芳週歲時與父母合影（陳淑芳提供）

見證了九份淘金史上最璀璨的一頁。

礦工們往往徹夜開採，直到早上才出礦坑，一下工，就到陳家吃飯喝酒。那是一幢樓高三層的古早透天厝，一樓前廳擺了張圓形大餐桌，平時由燒得一手好菜的母親負責掌廚，張羅工人們的吃食。大家下工時間不一，往往分批而來，陳家像是辦流水席似的，經常一整個上午熱鬧不休。

每當母親在廚房爐灶炸肉，聽到嗞嗞作響的油炸聲，阿笑就愛湊上前幫忙。灶又大又高，偏偏她個兒小，便搬來一張小板凳，雙腳一踩，高度正好。她拿著一副長長的筷子，在油鍋裡攪拌呀攪拌，見肉熟了，就俐落夾出。

母親最拿手的是宜蘭著名的手路菜西魯肉，以豬五花肉絲、大白菜、紅蘿蔔絲、香菇等食材燴煮，略勾芡，再添上炸蛋酥，那滋味阿笑至今仍念念不忘。

彼時九份、金瓜石一帶礦業盛行，工人很是搶手，為了慰勞底下員工，父親會到菸酒公賣局買清酒，自行加料調味。陳宅三樓有一個房間，擺滿了酒罈。

一甕一甕深褐色大酒罈，上蓋用紅布捆住，外頭貼有紅紙，紙上以毛筆寫著「龍眼乾」、「人蔘」、「黑豆」等字樣，意指裡頭另添好料，滋味更勝。自家工人愛喝什麼酒，儘管自取。

一開始，他們原是用竹製酒勺盛裝入碗，後來大夥兒喝得愈發起勁，索性改用漏斗，直接從酒甕倒入酒矸仔，你一瓶我一瓶。

陳笑的父親身為礦主，也跟工人一道入坑採金，作息日夜顛倒。父親嗜酒，上午返家後即與工人們同坐一桌，大口吃肉喝酒，時常一路喝到中午，酩酊大醉才倒頭睡去。母親也因此練就了好酒量，她每炒好一道菜，端盤上桌，便豪氣地吆喝工人舉杯敬酒。

據說，當時在宜蘭的親友，一旦聽聞他們夫妻即將來訪，就滿心忐忑，深怕拚酒時敗下陣來，會醉得不省人事。有時阿笑母親外出辦事，下了公車，照理步行不久就可抵家門，卻過了兩個鐘頭還不見人影，原來是沿路跟鄰居喝了起來，一家喝過一家，回到家已是醉醺醺。母親這個「症頭」不知延續了多久，數年後，有一回母親央養子騎機車載她到羅東探親，回程時，泥醉的母親坐都坐不直，更別說攬著兒子的腰了，最後只好以揹嬰孩的布巾將她固定住，才能安全返家。

◆

陳笑的母親十八歲生下她，此後未再生育，唯之後在阿笑的央求下領養了年紀略長的姊姊，後又相繼領養兩個弟弟。然身為獨生女兒，阿笑特別受寵。阿笑從小吃得好，每日食兩顆蛋、喝牛奶，牛奶喝膩了，使性子不願喝，家人還為她改換成羊奶。上九份小學，許多孩子都打赤腳，她卻總能穿著一雙光潔的皮鞋，雨天也是。運動會時，她老跑輸同學，因為沒打過赤腳，不曉得怎麼跑。

早期俚俗相傳，女子不得進入礦坑，一如漁家禁止女人登船，如果犯了忌諱，便可能有災。阿笑不聽，揣著父親衣角不放，說：「毋管，我欲入去看！佪講的是查某，我是囡仔啊！你若毋予我看，我就欲哭啊……」見她又蠻橫又楚楚可憐的模樣，父親只得無奈破例。

阿笑心願得逞，很是興奮。她一直很好奇礦坑裡頭究竟是什麼樣子，竟能夠變出許多亮晃晃的金子。一日，父親趁向晚入坑工作前，帶著阿笑前往四番坑。蜿蜒路途上，她稚嫩的小手緊緊握著父親那因長年勞動而滿佈老繭的食指，徐風吹來，看著兩人投射在山路上一長一短的影子，阿笑覺得心裡滿滿的。

抵達坑口，父親將她抱起，放進運礦的台車，叮囑她雙手牢牢抓著車廂前緣。阿笑頭戴裝有照明燈的頭盔，像是微服出巡、配戴閃亮鑽石皇冠的公主，一臉神氣。

父親手推台車，順著軌道，自窄隘的坑口緩緩進入，才走一小段距離，四周即陷入一片闃黑，阿笑心中探險的樂趣頓時滅了大半，生起小小的恐懼。抬頭，透過明暗閃爍的燈光，看見頂部與兩側釘滿了一根根的木條。那是俗稱「牛條仔」的相思木條，用來支撐坑道，防止壁面崩塌。再往前，坑道的支線更是崎嶇狹小，甚至必須彎身才能進入。

九份金礦蘊藏豐富，然而分佈零散，且礦脈厚薄不一，不利以機械大規模開採。一九一四年，台灣五大家族之一基隆顏家的顏雲年，自日人藤田傳三郎手中接下九份礦山的管理權後，採出租承包制，分區以「狸掘式」採掘旁支礦脈。顧名思義，這一採礦法講求機敏應變，工人必須化身為狸，靈活穿行在狹小的坑道之間，有時甚至必須在僅能容身的空間裡，橫躺著作業。

阿笑父親所屬礦區採得的礦石，會集中運送到專門冶金的地方，經過多道程序，煉製成粗金。因為金礦，陳家十足優渥，阿笑父親更是因此出手闊綽。

豪氣仗義的他，看不慣別人沒錢，往往只要對方開口，表明生活窘迫，他二話不說，就轉身走進房裡，打開專門存放黃金的斗櫃，取出金條，隨手一剁，交給對方，也不管究竟價值多少。

直到一九四九年，台灣物價狂飆，為抑制通膨，政府實施幣制改革，才有所謂「四萬換一元」，舊台幣四萬僅能換得一元新台幣的境況。而在那之前幾年，正是陳家產金最盛的時期。

當時父親有意在宜蘭五結買地，原打算以金條支付，但賣方不肯，堅持收現款。為此，父親將大捆大捆鈔票分裝在幾個麻布袋裡，帶著家人及一票工人同行，除了年紀尚小的阿笑，每人皆須負責看管一只布袋。一夥人浩浩蕩蕩徒步至瑞芳車站，搭乘火車前往宜蘭，因深怕途中遭搶，一路上小心翼翼。

日治時期，火車票價不菲，且車廂分為三等，大多台灣老百姓只能搭乘較為廉宜的三等車廂，富裕闊氣的陳笑一家卻能乘坐頭等車廂，極為風光。

台灣光復前夕，陳笑舉家搬遷到宜蘭礁溪山上，阿公、叔叔等親人則仍留在九份。他們在礁溪養豬、種芭樂。嗜吃芭樂的阿笑，還曾因貪嘴而便祕，父親拿著鉤子幫忙疏解，絲毫不嫌髒。

當時，私藏物資是會被抓去關的。向來孝順的阿笑母親，若是宰了豬，為成功運回九份孝敬阿公和叔叔們，刀工精湛的她會將五花肉切成薄片，服貼藏在雙層的揹巾內裡，捆在阿笑的胸口、腰際。幼小纖瘦的她，綁了揹巾再套上外衣，壓根看不出異狀。母親則提個小竹籃，裝著宜蘭盛產的金棗、李子等果物，與她同行。

路上盤查的日本警察，一見母親攜帶物產，立即扣留，並帶往警局訊問。這時，悄悄尾隨在後的舅舅隨即上前，護送阿笑上車，確保她能安全到達九份，好將肉品送交親友。母親雖沒念什麼書，但腦子動得快，她這招調虎離山之計，讓當時不過五、六歲的阿笑順利躲過盤查。

◆

阿笑自小面貌秀麗，遺傳自母親。而對這捧在手心裡的獨生女，母親寶愛都來不及了，自是捨不得打罵。唯獨一次例外。

那是母親得知丈夫在外頭另有情人時。嚥不下這口氣的她，竟要尚年幼的阿笑，與領養來的姊姊，一起去給對方「一點顏色瞧瞧」。對於母親交派的任務，膽怯的阿笑只能聽命行事。一路上，她想像父親的情人見到兩個不速之客，必定會當場拍桌斥罵，將她們掃地出門。阿笑愈想愈緊張，腳步愈走愈慢。

萬萬沒料到，雙方短兵相接，對方竟笑臉迎人，不僅熱情地招呼，還準備了點心，說笑逗弄姊妹倆，跟阿笑原先設想的劇本天差地別。如此一來，叫她如何下得了手？飽餐一頓後，兩姊妹抹淨嘴巴，起身告辭。

這下問題大了，該怎麼向母親交代呢？機靈的阿笑突然心生一計，要姊姊跟她串謀，繪聲繪影地編造她們倆是怎麼對付人家的。阿笑湊到姊姊耳邊說：「你小等共母ちゃん（kāchan，母親）講，咱一个掠伊的頭毛，一个共伊揍落去！」想到這妙計，阿笑臉上不無得意。

待姊妹倆返家，母親卻將阿笑關在三樓，把姊姊帶往二樓，分頭審問。「你共我照實講喔，恁姊仔攏佮我講矣！」母親果真不是省油的燈。阿笑嘔在心裡，氣惱姊姊怎麼不守信用，說溜了嘴。母親一得知實情，氣憤極了，抽出竹掃帚中的一兩根細長竹條，朝她身上揮去。阿笑疼痛難當卻強忍淚水，她擔心一哭，母親下手更重。

看似豪放爽快的母親，一談及感情，仍是鑽進了死胡同。

◆

那年夏天，阿笑剛滿八歲。

午后，窗外日光燦燦，蟬聲狂噪，母親在梳妝台前細細打扮。她穿上最鍾愛的旗袍，緊緻合身，襯出玲瓏身段。母親也幫阿笑換穿那件腰後繫著蝴蝶結的蓬蓬紗裙洋裝，再套上一雙擦拭得晶亮的絆釦皮鞋。

阿笑問：「咱欲去佗位？」

母親淡漠地說：「欲𤆬（tshuā，帶）你去迌迌。」臉龐卻不見一絲喜色，反而罩著隱隱的哀愁，令阿笑摸不著頭緒。

兩人從九份家中出發，沿著逶迤的山路，往瑞濱海岸的方向行去。青巒重重，依稀可見遠處的海面波光瀲灩。暑氣逼人，母親走得又快又急，阿笑只得不時小跑步跟上，無法貪看沿途風景。

不知不覺走到了沙灘。這時母親下意識地把她牽得更緊，毫不遲疑地直直朝海走去。阿笑開始意識到不對勁，囁嚅著：「母ちゃん……」

「恁阿爸無愛咱矣……」母親像是回答她，又彷彿喃喃自語地，一邊說一邊繼續往前走，絲毫沒有停下的意思。剛上小學的阿笑個頭小，一道浪打來，海水隨即淹至胸口，她一個踉蹌，險些摔倒。她害怕得掙脫母親的手，轉身跑上岸，卻又放心不下，回頭大喊：「母ちゃん！母ちゃん！」但母親頭也不回，意志堅定地往更深處走去。

「救人喔！緊來救人喔！阮母ちゃん佇海內底，緊來救伊！」阿笑瞥見不遠處正好有人經過，慌忙跑去求助。

幾個人七手八腳將母親拉上岸。此時母親已臉色慘白，神情木然。全身濕漉漉的母女倆被帶往附近警局，警察立即聯繫九份分局，過了好些時候，父親以及一位與母親交好的乾媽才趕來接人。

「你欲死，家己去死死咧就好，毋囡仔去死創啥物！」回到家裡，夫妻倆又是一陣爭吵。

母親知悉父親在外頭與人相好，一心尋死。那年夏天沒及胸口的浪頭，成了阿笑童年記憶裡最深刻的一瞬。長大後，阿笑有個心願，若哪天有機會拍攝個人傳記電影，片頭要是母親帶著她跳海這一幕。她大聲呼救，一陣陣浪花拍擊海岸，翻湧出無數白沫，此時銀幕轉黑，打上片名——我、就、這、樣、過、一、生。

她沒說為什麼，但熟識她的人會知曉，從八歲時母親帶著她跳海的那一刻，這小女孩即展現了無比強韌的生命意志。

上圖：陳淑芳老家一帶的九份景象，攝於 1972 年。（陳淑芳提供）
下圖：九份土地公坪（福山宮），攝於 1976 年。（陳淑芳提供）

少女時代

「恁看，彼个就是『白雪公主』。」

「有影真婧，目睭誠大蕊，皮膚又閣白閣幼……」

台灣省立蘭陽女子中學初中部，一年級忠班走廊擠滿了學生，個個拉長脖子朝教室內張望，爭相搜尋傳說中的「白雪公主」。

陳笑一雙水靈靈的大眼，眉型娟秀，肌膚白皙勻亮，從小便是眾人的焦點。巧笑倩兮，美目盼兮，形容陳笑再適合不過。她所到之處，常引來目光，甚至不時有人悄悄跟隨，只為了多看她一眼。

彼時校園髮禁嚴格，中學女生清一色西瓜皮似短髮，愛漂亮的阿笑總將齊耳的濃密短髮梳得整整齊齊，中分，兩側髮梢勾耳後。蘭陽女中的制服是白色襯衫，全黑百褶裙，繫一條寬版腰帶。阿笑腰線本就好看，腰帶一束，更顯出她的楊柳細腰。每晚，她會把洗淨的制服放在榻榻米下壓著，翌日穿起來特別挺，人也顯得精神。

阿笑一九五二年自九份國小畢業後，有意升學，卻又不想每日通勤，所以毅然決定報考蘭陽女子中學。她內心盤算著，蘭女位於宜蘭市，距離九份頗有一段路程，勢必得外宿，如此便可省去舟車勞頓，專心於課業。

二戰後，台灣歷經惡性通貨膨脹，及至一九五〇年代初期，在美國的援助下經濟才逐漸恢復至戰前水平。彼時台灣實施六年國民義務教育，能上初中的女性還是少數，陳笑的同窗也多與她一樣，出身自優渥的人家。班上同學，如陳喜心、陳保枝、林碧雲、李鶴英、陳白雪、林美穗等，後來都成為她一生摯交。

但和她最要好的，莫過隔壁班同學李絹枝。李絹枝的父親從商，在宜蘭是一號人物，家中還聘雇了數個傭人。李絹枝是老么，被父親視為掌上明珠，學生時期，父親即送她一台要價不菲的雙眼相機，同學出遊，多仰仗她為青春留影。

有一幀李絹枝為阿笑拍下的照片，阿笑倚牆而立，雙手輕輕拿著一頂手工編織藺草草帽，她別過頭去，清淺微笑，很有模特兒的架勢。另有幾幅兩人的合影，阿笑或站或坐，面對鏡頭怡然自得，似已能展現她表演的潛質。

初中三年是阿笑生命中最無慮無憂的一段時光。離家後的她，呼吸著清新鮮甜的空氣，自由暢快，像一隻被放飛的鳥。

不用上課的日子，女孩兒們便相偕去看電影，奧黛麗．赫本的經典成名作《羅馬假期》（一九五三）、克拉克．蓋博與費雯．麗主演的《亂世佳人》（一九四〇），早已數不清看了多少遍。她們也曾一起蹺課去看鐘聲劇團演員小雪主演

陳淑芳蘭陽女中學籍冊上的照片（蔡昀容提供）
陳淑芳初中時期（李絹枝提供）

陳淑芳（左）與初中同學李絹枝（李絹枝提供）

的話劇[1]，還巧遇學校老師，雙方當場都很尷尬。有時，她們大老遠從宜蘭跑到羅東看戲，在當時，這已是很了不得的事。

起初，阿笑借住舅舅家，位置就在宜蘭火車站斜對面，步行到學校不過十多分鐘。舅舅經營一家旅社，叫作「白雲莊」，每當她偕兩位表姊放學歸來，鄰人常衝著她們仨喊：「白雲莊三姊妹轉來囉！」

舅舅也賣金棗糕，製作全仰賴手工。放學後，阿笑常得幫忙。將金黃飽滿的金柑倒入竹筒，用竹槌反覆捶搗，榨出汁液，再置於大鍋裡熬煮。擔憂這般日常性的勞動，會占據太多課後時間，擔誤學業，一年後，阿笑搬到了鄰近的姑媽家。

阿笑長得甜，又滿臉含笑，特別得人疼，姑媽亦視如己出。

像是她自小便怕極了洗髮水流進眼睛，因而一直學不會自己洗頭。一要洗頭，阿笑就如臨大敵，一改平時外放爽朗的形象。她蹲下身體，低垂著頭，雙

陳淑芳（左二）與初中同窗好友（李絹枝提供）

手緊緊摀住眼睛，那戰戰兢兢的模樣，姑媽看了都不忍心，取來水瓢幫她沖水，小心謹慎地盡量不讓水流進她眼裡。

正值青春期的阿笑，出落得嬌俏，卻也開始有些女兒家的煩惱，例如月事。彼時用的是純棉麵粉袋改製而成的布衛生巾，上頭印著兩隻緊握的友誼之手與「中美合作」字樣。來月事的那幾天，每晚，阿笑總得耐著性子，仔細搓洗衛生巾。為方便烘乾，姑媽在屋裡架了一個火爐，用一只雞罩覆蓋，再將一片片的布衛生巾鋪晾在上頭。女孩的私物，卻暴露在醒目可見的地方，阿笑每每經過見著，都有些難為情。

◆

當時阿笑加入乒乓球校隊，她的反手拍尤其出色。不僅在校內認真練習，睡夢中也沒歇下，依舊勤練揮拍。姑媽睡在她的右側，半夜常因此被捶醒。姑媽忍不住又好氣又好笑地求饒：「我的心肝窟仔欲痛死，拜託你莫閣拍矣好無？」

但凡喜歡的事，阿笑即一頭栽入，著迷於乒乓球的她還代表學校到台北參賽。不只如此，校內舞蹈、歌唱等各種才藝競賽，她也未缺席，堪稱校園風雲人物。

早在小學階段，阿笑就萌發了表演的興趣。國小三、四年級時，學校園遊會推出表演節目《蘇武牧羊》，她被安排扮演王昭君一角，還有段獨舞。在台上，她就像一隻輕巧的蝴蝶，翩翩舞動。中途跳累了，竟率性地直接坐下來休

1 小雪（一九三二―），本名李明月。少女時期加入鐘聲劇團。曾與田青及鐘聲劇團團員參演邵羅輝執導的第一部台語時裝文藝片《雨夜花》（一九五六），推出後轟動全台，連映四個月，小雪因此成為台語片苦情女星，有「悲劇影后」之稱，並於第一屆台語片影展獲頒「觀眾票選十大影星銀星獎」。

息，絲毫不顧台下眾多觀眾的目光。無意間，她發現附近的台灣基督長老教會九份教會將舉辦聖誕節晚會，雖然不是教徒，她仍主動報名參加，登台獻舞。

進了蘭陽女中，她師從張光甫老師，學習民族舞蹈。她資質好，學得快，初二時老師便讓她教小一屆的學妹。

一九五〇年代常有勞軍活動，青年學子亦須響應。軍中會派車到蘭陽女中接送，有時駕大卡車，有時是中型吉普車。阿笑舞跳得好，漸漸成為勞軍的固定班底之一。有幾回，甚至只有她一人被軍隊接去，老師也未陪同。她一坐上軍用車，受到雄偉軍容的感染，就像當年父親破例讓她乘坐台車入坑，不禁也威風凜凜起來。進入軍營，英姿勃勃的士官一字排開，少女的面龐也不禁湧上了一抹羞怯。

她們往往近午抵達軍營，在食堂與著迷彩軍裝的士兵們吃過大鍋飯，緊接著上台表演。阿笑多半單人演出，她不但自行編舞，還會用心挑選唱片作為配樂。台上的她身段婀娜，姿態靈動，迷倒台下一大票阿兵哥。

每回勞軍回來，她就收到成堆署名給「陳笑」的信。寫信來的，不少是一九四九年後來台、年紀稍長的輔導長，信中措詞樸實懇切。然面對無數探問，阿笑不為所動。

追求阿笑的人未曾停過。蘭陽女中與宜蘭中學相距不遠，宜中是男校，中學男生見到心儀的對象，即想方設法打聽對方的名字，阿笑也收到不少來自宜中愛慕者的情書、訴衷腸的小紙條，甚至有人在校門口大喊她的芳名。然而，阿笑心裡已經住了一個人。

男孩是同班同學的哥哥，長她三歲。男孩的母親擅裁縫，阿笑前去訂製衣裳，因緣際會便相識了。對方特別照顧她，兩人偶爾相偕出遊，不知不覺間，對方悄悄走進阿笑的心房。

那是自由戀愛仍未盛行如常的年代。戀人相偕看電影，男方先進戲院，關燈後，電影開演，女方才隨著持手電筒的帶位者，摸黑找到相鄰的座位。即將散場，也是男方先默默離開，女方稍後再起身。

步出戲院，一人走前頭，一人跟隨在後，不敢並肩同行。雙方欲訴情意，唯有通信。直到後來戀愛風氣漸開，情侶騎腳踏車雙載的身影才成為街頭的一道風景。每次側坐後座，輕攬著男孩的腰，阿笑的嘴角總是輕輕揚起。

一回，男孩特地請阿笑到最時髦的波麗路餐廳吃飯，她盛裝赴約，一踏入情調富麗的西餐廳，不免有些緊張。

看著餐桌上琳瑯滿目的刀叉、圓盤、水杯與口布，她一時慌了手腳。排餐上桌，她望著對座的男孩，怯怯地說：「我毋捌食過西餐。」

「你看我按怎食，你就按怎食。」他語氣溫柔。

見他左手拿刀，右手持叉，阿笑依樣畫葫蘆，卻怎麼都不順手。

男孩見狀笑了出來：「你哪會遐爾古錐！我倒手拐仔（左撇子），你應該用正手（右手）才著啊！」

這段清新如早晨露水，只是偷偷牽手，心中小鹿就禁不住蹦蹦跳躍起來的感情，卻直抵阿笑內心最深處，成了她一生難忘的最初。

◆

初中畢業在即，即將與同儕各自分飛，阿笑也暗自盤算著將來。

一九五五年夏天，阿笑自蘭陽女中畢業，聽說中國電影製片廠大型舞劇《洛神》正在招考演員，條件是必須擅長民族舞蹈，阿笑隨即報名。不久，又得知「國立藝術學校」即將成立，她喜出望外，有意報考。不料向來疼愛她的阿公卻不贊成。

「你讀彼創啥貨？爸母無捨施（bô-siá-sī，難為情），送囝去學戲。」阿公不以為然。

對老一輩人而言，只有環境不佳的人家，才會把子女送到「戲班」。陳家生活富足，兒孫卻打算去學戲，實在是說不過去。

阿公又說：「查埔查某攬牢牢，歹看面！」

「我無定著愛做演員，我會當做導演啊！」阿笑個兒雖小，卻志氣高昂。阿公非但沒能勸退她，反倒激起了她的鬥志。

幸好向來疼愛她的父母沒有阻撓，允許她去應考。最終，她如願考取，成了國立藝術學校首屆學生。

位於板橋浮洲的國立藝術學校，是台灣最早設立的藝術高等學校，成立之初設話劇、中國國劇、美術印刷三科，修業年限是三年。阿笑就讀的話劇科，當年入學人數是三十三人。翌年，話劇科更名為影劇科。

初期，因教室還未修建完成，先暫借鄰近的台灣省國校教師研習會上課。阿笑放眼望去，同學幾乎清一色是外省人，個個能說一口字正腔圓的國語，本省籍的學生連她在內，一共僅四人。台北同學新潮時髦，不少人都穿著時興的喇叭褲，阿笑更暗暗覺得來自山城的自己，有一絲絲土氣。緣於這些因素，與女中時期的活潑大方相較，進入藝校後的阿笑顯得文靜些。

然她實則又是班上特別漂亮的女生，膚色白皙，舉止柔順，很少大聲嚷嚷。她常穿著帶有藍白條紋領巾的白色水兵服，一開始，很多同學還誤以為娟秀的阿笑是日本人。

當時住校，因小學畢業即獨自赴宜蘭求學，已養成獨立性格，她很快便適應了台北的生活。學生宿舍分一幢男舍、一幢女舍，中間設食堂。自小吃得好的阿笑，如今跟著同學每早吃饅頭、喝豆漿，也很樂在其中。

◆

在學習上，影響她最深的，莫過於自一九五一年起在中國廣播公司導播過無數廣播劇、聞名全台的崔小萍[2]。

崔小萍在學校教授表演藝術及訓練方法，她是台灣第一位將話劇形式運用在廣播劇的佼佼者，在尚未有電視機的年代，她嫻熟利用各種聲音效果，營造凝聚逼真的戲劇氛圍。崔小萍的空中話劇在一九五〇年代風靡家家戶戶，阿笑也是忠實聽眾。

第一堂課，崔小萍請新生逐一站起來自我介紹，自覺來自鄉下、國語不甚流利的阿笑很是害羞，說得「不答不七（不三不四、不像樣）」。

「你這樣可以演戲嗎？怕生，講話又講不好。」崔小萍直指她的弱項。

阿笑聽了很是羞愧，低著頭，不知道如何回應。

崔小萍的表演課以嚴格出名，從讀劇、聲音表情到姿態動作等表演方法，無一不教。阿笑不服輸，心想既然要學，一定得學好，老師上課說什麼她都仔細筆記。

崔小萍認為好的表演，是和觀眾呼吸與共、沒有距離的。上台時，演員必須佯裝觀眾不在場，透過渾然忘我的演出，激起觀眾的共鳴。好的演員，能夠將第一自我（本人）和第二自我（角色）融合為一，在舞台上產生出第三個「我」，活出一個嶄新的生命，讓觀眾分不清哪部分是表演、哪部分是現實。

阿笑細細咀嚼老師的話，領會什麼是「第三自我」。

受限於一口不甚標準的國語，她在學校的表演節目中，幾乎不可能擔綱要角，只能把握各種機會練習。但無論被分配到什麼角色，她都認真揣摩。為了克服語言上的落差，她透過聽廣播以及跟同學的對話，盡可能模仿，矯正自己

2 崔小萍（一九二二—二〇一七），中國山東人。一九五〇、六〇年代，是台灣廣播劇的黃金年代，「空中劇場」風靡家家戶戶。崔小萍在中國廣播公司製播了《藍與黑》、《紅樓夢》等約七百部膾炙人口的廣播劇。一九五九年以電影《懸崖》獲第六屆亞洲影展最佳女配角。一九六八年遭誣陷為匪諜，因此入獄，一九七七年出獄。二〇〇〇獲第三十五屆廣播金鐘獎終身成就獎。

的發音。她從小角色演起，曾先後參與《死裡逃生》、《滿園春色》、《兒心關不著》、《人約黃昏後》、《春歸何處》等話劇，一點一滴累積舞台經驗。

有時排練行程緊湊，一拿到劇本，讀過一兩遍就得進入狀況。遇到哭戲，她逼不出眼淚，眨巴著一雙無辜的大眼。旁人教她，緊盯著明亮燈光，直到眼睛痠了，自然就流淚了。她心裡疑惑，可是，這樣沒有情緒啊！

同時，她還修習舞蹈科老師李天民的課，並參與他編創的舞劇《白雪公主》。李天民見阿笑舞跳得好，選薦她在「新世界劇運」開幕作品《漢宮春秋》中演出，在這齣古裝歷史劇中主跳一支宮廷舞。

新世界劇運是國民政府遷台後首次推行的大型戲劇運動，官方提撥了一筆頗為可觀的預算，足見重視的程度[3]。《漢宮春秋》由張英執導[4]、李曼瑰編劇，演員陣容龐大，包括王玨、常楓、藍天虹等知名影星。同學們知曉阿笑有機會與一線影人同台，演出場地還是西門町熱門的首輪電影院「新世界戲院」，都報以羨慕的眼光。

《漢宮春秋》是以王莽篡漢十四年為故事背景的大型舞台劇，舞台、服裝均頗為考究。一九五六年二月十五日首度公演即造成轟動，甚至不得不祭出每人限購兩張票的規定。儘管如此，仍場場客滿，一再加演，共計長達四十五天。

阿笑原是飾演王莽的寵妃，後來得知總統蔣中正將來看戲，竟私下與宮女演員商量互換角色。原來寵妃一角雖身分高貴，但在舞台上只是閒坐一隅，戲分不多；而隨侍在皇帝身後的宮女，即使得舉著一把頗為沉重的巨型扇子，留在

3 新世界劇運：國民政府遷台後首次推行的大型戲劇運動，在台灣話劇史有一定的重要性。當時國民黨提撥經費，中影提供西門町首輪電影院新世界作為演出場地，自一九五六年由張英執導的《漢宮春秋》，至一九五七年末同樣由張英導演的《紅樓夢》止，前後近兩年，共計演出十六檔國語話劇。

4 張英（一九一九—二〇一三）：本名張雲漢，出生於中國四川。一九四八年率領外景隊來台，與張徹共同執導《阿里山風雲》，之後即留在台灣。執導過上百齣舞台劇，以古裝為主。曾以台語片《小情人逃亡》獲第一屆台語片影展最佳導演獎。作品還包括台語童話電影《大俠梅花鹿》（一九六一）、諜報片《天字第一號》（一九六四）等。

台上的時間多上許多，更能跟高高在上的總統近距離接觸。為此，她樂得降為一名小宮女。正式演出時，她邊搖扇，邊以一雙晶亮大眼直直盯著總統。能夠親眼見到國家元首，阿笑心底有一種虛榮。

演出一場有五十元收入，在當時不是一筆小數目，下了戲，她常買些吃食與同學共享。第一次憑一己之力賺錢，且還是熱愛的表演工作，阿笑身上更增添了一份自信風采。

在《漢宮春秋》中出色的舞蹈表演，也為她帶來意想不到的機會。金山影業社的工作人員到後台找她，邀約她參演正在島上掀起熱潮的台語片，擔綱《誰的罪惡》一片的女主角。她想也沒想便答應了。

阿笑彷彿天生有股膽識，機會一來，她便迎上前去，絲毫不畏怯。也正是這份果敢，將她推向了跌宕精彩的影劇人生。

陳淑芳（中）初出道，參加蘭陽女中校慶時與昔日同窗林麗卿（左）、李絹枝（右）合影。
（陳淑芳提供）

踏上星途

因出演《漢宮春秋》，十七歲那年，阿笑被影業公司發掘。

雖然沒有電影演出經驗，但初生之犢不畏虎的阿笑，憑著一股「憨膽」，躍身大銀幕，很快便成了家喻戶曉的影星。

一九五六年一月，由何基明執導、陳澄三「麥寮拱樂社」歌劇團領銜演出，標榜台灣第一部正宗台語片的《薛平貴與王寶釧》紅遍大街小巷，自此揭開台語片時代的序幕。一九五七年台語片步入第一波黃金年代，一年內開拍作品高達六十二部。就在這一年，芳華十八的阿笑，人生第一部電影《誰的罪惡》上映。

此片改編自邵榮福原著小說《爸爸的罪惡》，由李泉溪編導，陳淑芳、施月娘、陳劍平、張武傑等人主演。「陳淑芳」即阿笑的藝名。

提到本名「陳笑」，背後還有段軼事。她出生時，父親原請留學日本的四叔代為取名，據說名字裡有一「瓊」字。後來母親託付阿公去報戶口。從九份到瑞芳戶政事務所，頗有一段路程，時值七月炎夏，阿公踩著一雙厚底木屐，汗涔涔地趕路，好不容易到了事務所，一時怔忡，竟忘了家人給孫女取的名字。辦事的先生問：「袂記得欲按怎？恁查某孫出世的時陣有啥物特別？」阿公說：「伊真愛哭啊。」辦事先生於是建議：「若是按呢，叫做『阿笑』好無？」

在《誰的罪惡》中，阿笑飾演的是悲劇人物，電影公司老闆認為陳笑這名字與角色不符，建議改名。阿笑堅持「陳」姓不能改，想及片中角色溫良賢淑，她又出生瑞芳九份，藝名「陳淑芳」便這麼定下。

陳淑芳簽名照片（翻攝自《三重唱片業・戲院・影歌星史》）

此片原著小說《爸爸的罪惡》早前曾由廣播名人吳非宋改編為同名廣播話劇，轟動一時，因此得以再搬上大銀幕，並由吳非宋擔任製片顧問。編導李泉溪一九五五年曾追隨導演何基明拍攝三十五毫米的台語片《薛平貴與王寶釧》，一九五七年與成功影業社社長周天生、佈景師黃良雄合組「金山電影攝影社」，租下台中市「民生戲院」作為搭景拍片的場地。《誰的罪惡》即為金山製片廠拍攝，並聘請中影年輕攝影師林贊庭掌鏡。

《誰的罪惡》故事背景為一九四〇年代中日戰爭末期，台灣青年楊漢文（陳劍平飾）在日人淺川敏的邀約下，偕妻兒赴日發展，協助經營工廠。一九四一年日軍偷襲珍珠港後，盟軍大舉轟炸日本各大城市，不僅造成淺川的廠房全毀，淺川夫婦更因此身亡。

陳淑芳飾演楊漢文的妻子孟貴英，夫妻二人在異地胼手胝足，患難與共。日本投降後，漢文意欲偷渡回台，無奈船主迷信，堅決不讓婦女登船，貴英只得與稚子滯留日本，之後更在無依無靠的處境下產下次子。漢文回台後，事業發展有成，卻迷戀上舞小姐張玉仙，棄妻兒於不顧。生活日益艱困的貴英，在親友協助下返台，才得知漢文已移情別戀……

一九五七年十月二十四日，《誰的罪惡》在台北大稻埕的「大光明戲院」首映，後相繼於桃園、嘉義、台中等地放映，接連上映二十五天，共一百四十場，成為當年度十大賣座台語影片之一。因大受好評，隔年六月，趁勢推出續集，連映二十六天，一百四十六場，場場爆滿；七月，更隨即映演第三集完結篇。

一九五七年十一月，《徵信新聞》（今《中國時報》）主辦第一屆「台語片影展」，選映了三十三部台語片，李泉溪《誰的罪惡》、《黃昏再會》亦被選入，其他參展影片還包括辛奇《薄命花》、何基明《青山碧血》、白克《台南霧夜大血案》、邵羅輝《夜半路燈》、陳文敏《茫茫島》、梁哲夫《火葬場奇

《誰的罪惡》電影海報（陳淑芳提供）

案》等。早前執導大型舞劇《漢宮春秋》的張英，以《小情人逃亡》獲頒第一屆台語片影展金馬獎最佳導演，《誰的罪惡》則獲「銀星獎」。

《誰的罪惡》上集主要在台中拍攝，陳淑芳第一次為了拍戲離鄉背井。

她多半搭包車南下。台北車站附近常有司機招攬乘客，「欠一个、欠一个！緊來啦！」喊得震天價響。只差一個，加上她，不就可以開車了嗎？孰料一坐進去，才發現還少三人。一九五〇年代，高速公路尚未興建，南北往返只能走省道。長途奔波，車子常半路拋錨，只見司機不慌不忙，下車找尋因事故而廢棄在路邊的車輛，拆卸還堪用的輪胎回來換上，繼續往前開。

當時台語片盛行「隨片登台」。為了宣傳新片，男女主角會到各戲院登台亮相，並獻唱拿手歌曲。陳淑芳回憶，正式播映當日，一早，主角們會先乘著三輪車，一行人浩浩蕩蕩遊街。隊伍前有樂隊熱鬧造勢，隨行的工作人員以大聲公放送上映的戲院與時段，演員們就在三輪車上，一路對著圍觀民眾揮手致

《誰的罪惡》三部曲上映時的報紙廣告
（《聯合報》1957 年 10 月 24 日、1958 年 6 月 21 日、7 月 10 日）

意。遊街路線多在大稻埕延平北路二段一帶，因為主要播映台語片的大光明、國泰等戲院，都位於此。

陳淑芳記得，他們還曾赴基隆登台，影迷贈送的花圈，從戲院門口兩側一路綿延了數十公尺，上頭大大寫著「恭賀《誰的罪惡》，某某某登台」，十分風光。

《誰的罪惡》主題曲由有「國寶歌后」之譽的紀露霞演唱，登台時，紀露霞即獻唱主題曲，而著迷於影歌雙棲明星李香蘭的陳淑芳，則選唱李香蘭著名歌曲〈夜來香〉。有時候，陳淑芳還會跳一段民族舞蹈。

早期由於電影拷貝有限，倘若多家戲院同步映演，各戲院須相互協調，錯開放映時間，一捲拷貝放完，立刻由「跑片員」騎腳踏車趕送至下一家戲院。萬一來不及，主持人就會趕緊讓正在後台等待的演員上台救場。

《誰的罪惡》上集熱映後不久，正趕拍續集時，陳淑芳卻接獲父親猝逝的消息。

她家人託劇組人員轉告：「恁老爸欲收埋（siu-bâi，埋葬）矣，厝內叫你緊轉去！」她不懂「收埋」的意思，只知道事態緊急，還不及卸妝、換下戲服，便急忙搭上駛往九份的白牌車[5]。

上了車，她請問司機：「厝內講阮阿爸欲收埋啊，你敢知影啥物是『收埋』？」

「查某囡仔，你哪會遐爾戇啊！恁阿爸往生矣，準備欲入殮。」司機看著

5 指未有合法執照的營業載客車輛。

她。

一聽，陳淑芳的眼淚旋即洶湧奔流，她不能相信，明明前些天還跟父親有說有笑，怎麼說離開就離開？

父親出殯時，由於生前慷慨仗義，沿途有不少人設奠路祭。曾受父親點滴恩惠的人，在家門前擺上供桌，以米杯插香，一壺酒，三只杯子，聊以致哀。

陳淑芳不及二十歲即失怙，隨即又遭遇另一巨大衝擊。

辦完父親喪事不久，父親金礦事業的合夥人，要求母親在一落文件上用印。母親不識字，性情直率單純，不疑有他地照辦。孰料，一家人賴以為生的股份資產，一夕之間拱手讓人。

甫出道的陳淑芳，面對接連劇變，沒有二話，一肩撐起家計，照料母親及尚年幼的養弟。她一夕長大，很快收拾心情，重返劇組，趕拍《誰的罪惡》續集。昔日那個穿著蓬蓬裙、腰間繫上蝴蝶結的小公主，似乎連同過往歲月，一同遺留在九份了。

有一場哭戲，她無論如何就是哭不出來，導演請化妝師點眼藥水，藥水順著鼻淚管流入喉嚨，只覺得苦苦鹹鹹的，後來索性直接點在眼睛四周，但實在不好看。這時導演李泉溪走上前，對著陳淑芳說：「你已經無老爸矣，閣袂曉哭？」一聽到這裡，陳淑芳的眼淚瞬間奪眶而出。

至此，陳淑芳才明白，原來詮釋角色情緒時，是可以假借個人親身經歷的，如此便能與角色共悲同喜。

《誰的罪惡》續集與完結篇改在台北北投拍攝。彼時的北投，有「台灣好萊塢」之稱，台語片產量高峰時期，每年出品上百部，超過半數在北投攝製。

《誰的罪惡》之後，陳淑芳又陸續出演《愛的勝利》（一九五九）、《結婚五年後》（一九五九）、《午夜鎗聲》（一九五九）、《益春告御狀》（一九五九）、《無情夜快車》（一九五九）、《劉伯溫》（一九六〇）、《阿丁大鬧歌舞團》

（一九六二）、《釋迦傳》（一九六二）、《母淚滴滴紅》（一九六二）、《黃金大鷹城》（一九六三）等片，涵蓋倫理、文藝、喜劇、社會寫實、間諜偵探、歌舞表演等各色主題類型。

躋身於眾多演員影人間的陳淑芳，明眸皓齒，身形嬌小玲瓏，還因此擁有「袖珍美人」的封號。

陳淑芳曾同時在北投拍攝三部戲，一天二十四小時皆有班，每部片各排八小時，這齣戲八小時一到，另一齣戲的製片早已等在一旁準備接她，完全無暇休息。

抵達拍攝現場時，往往得先打燈，常見工作人員代替演員站位，但陳淑芳不希望由旁人代打，因為每個人身高、膚色不一，等到真正上戲時，燈光打在她臉上不見得漂亮，所以她總是堅持親自上陣。但她又實在累極，只能邊打燈邊打瞌睡。

《結婚五年後》電影劇照。該片由林沖、陳淑芳主演，劇照由攝影師陳榮樹（下右圖之右）拍攝。（國家影視聽中心提供）

一回，與內台戲班「天寶興歌劇團」全班人馬合作，拍攝明朝一代軍師故事的古裝武打片《劉伯溫》。一場她臥病在床的戲，她一躺下很快睡得不省人事，直到收工時劇組人員來喊，才迷迷糊糊醒來。

當時北投處處是片場，一個劇組緊挨著一個劇組，盛況空前。有時在這頭拍攝，陳淑芳聽聞喊「卡！」聲，立即停下動作，過了半晌，才意會到原來是隔壁劇組導演的指示。這也幸賴早期電影常是事後配音，才不致因環境雜音而困擾。

後製配音多在中影公司的音效配音室進行。配音室像座大禮堂似的，前方架銀幕，演員席地而坐。配音時必須緊閉門窗，炎夏時節，由於無冷氣，工作人員在現場放一個大型桶子，裡頭擺放高及腰際的偌大冰塊，中場休息時風扇一開，朝著冰塊吹拂，陣陣涼風襲來，開錄時室內溫度即降下不少。

配音現場常見大隊人馬，除了演員，另有音效師及一組樂隊。對白、音效、配樂，三方同步進行，任一環節出錯，就得從頭來過。演員必須事先記熟台詞，作業時，銀幕上一邊播映影片，演員們一邊緊盯著情節畫面對嘴。陳淑芳台詞記得熟，少有差池。

對她來說，事後配音形同一次再創作的機會，好比哭戲，現場拍攝時可能哭得不好聽，配音時便得以挽救。甚至神態與動作的不足，也可藉由生動的聲音表情加以補強。

擬音尤其好玩，現場道具琳瑯滿目，舉凡腳步聲、開關門聲，都是音效師當場模擬。要製造雨聲，便取來一只竹篩，倒入一些綠豆，一搖晃就發出沙沙聲響；若遇騎馬場景，就以竹筒敲打地面，模擬達達的馬蹄聲。樂隊也在一旁待命，一播放到須有配樂的橋段就現場演奏。看在陳淑芳眼裡，覺得真是熱鬧有趣。

好景不長，經歷一九五七年高峰後兩三年，台語片盛極而衰，產量銳減。該時期，官方取消對台語影業的相關輔導措施，獨厚「國語」影片；加上《底片押稅進口辦法》的修法，台語影業無法繼續進口免稅底片，製作成本攀升之外，底片因而缺貨更是致命傷。面對如此景況，當紅影星白虹、白蘭、林沖等人相繼前往香港發展，陳淑芳也另闢表演場域。

一九六〇年八月，她應邀到台北西門町的「夜巴黎」歌廳客串駐唱，為時一個月。同期駐唱的還有歌壇姊妹花霜華、雪華，以及筱華、明珠等。陳淑芳每日演唱兩場，下午、晚間時段各一，場場爆滿。一個月後，歌廳見識到陳淑芳的號召力，又再與她續約。

當時造訪夜巴黎的客人，多是上了年紀的外省退伍老兵。他們在台下，泡杯濃茶，拿著歌本點歌，忘情欣賞歌曲，消磨大片時光。陳淑芳經常演唱的曲目包括〈我有一顆心〉、〈愛你在心口難開〉、〈夜來香〉等。點唱率最高的則是王琛作詞、周藍萍作曲的〈家在山那邊〉，歌詞描述家在山的那一邊的人兒，原過著自在生活，卻因「窰洞裡鑽出來貍鼠」，被迫拋棄家園，失去了一切。歌曲最末唱道：

朋友，不要因一時歡樂，
朋友，不要貪一時苟安，
要盡快的回去，
要把自由的火把點燃，
不要忘了我們生長的地方，
是在山的那一邊，

山的那一邊。

因歌詞道中老兵們離鄉背井的經歷與心境，台下觀眾常常情緒滿懷，全場跟著唱，且一唱再唱，停不下來。

陳淑芳自認二十出頭時的自己土裡土氣，但大家都喜歡她的表演。資深歌星多是站在直立式麥克風前，規規矩矩唱歌，她則不然。她常常手拿麥克風，邊唱邊輕快擺動身體，間奏時，還會活潑地跳舞，場子因此跟著熱起來。

◆

一九六一年八月，陳淑芳與霜華、雪華及張小梅等人，受邀遠赴菲律賓馬尼拉演出。當時菲律賓業者引進一批台灣電影，為提高入座率，邀請台灣影、歌星越洋隨片登台。此舉果真奏效，電影映後，她們四人輪番擔任主唱，其餘三人伴舞，青春新穎的表演大受好評。

她們在菲律賓表演半年多，期間寄宿在當地一位富裕的華僑家中。女主人後來不僅將陳淑芳和張小梅收作乾女兒，還特地買了一部凱迪拉克接送，並聘請能說華語的中國人當司機，對她們禮遇得不得了。

當時由林黛、關山主演的香港黑白電影《不了情》（一九六一）正好在馬尼拉上映，由顧媚演唱的同名主題曲跟著走紅。陳淑芳趕緊邀集霜華、雪華與張小梅一起上戲院，事先分配好每人各自背記一段歌詞，回去後勤加練習，旋即上台演出。「忘不了　忘不了／忘不了你的錯　忘不了你的好／忘不了雨中的散步　也忘不了那風裡的擁抱……」現學現賣，依舊贏得滿堂喝彩。

她們的機靈還不只如此。陳淑芳和張小梅聽聞菲律賓僑領莊清泉的母親喜歡南管，便趕緊去學，每當莊母來看表演時，她們就獻唱南管歌曲以討歡心。唱

陳淑芳攝於菲律賓（陳淑芳提供）

完，莊母取來一張紅紙，以沾了濃墨的毛筆寫上打賞金額，賞金往往十分豐厚，讓表演者又驚又喜。

莊清泉早年隨父親移民菲律賓，一九六〇年代在台大規模投資，於台北市創設統一飯店，引進美國二戰後的飯店管理系統，成為台灣第一家五星級飯店。除了菲律賓，陳淑芳還曾跟紅極一時、雜技大師李棠華率領的特技團赴琉球等地駐演，宣慰僑胞。

海外演出的歷練，讓陳淑芳大開眼界，更厚實了舞台經驗。當年那個自山城出走的小阿笑，到了宜蘭、台北，後又離開島嶼，遠渡重洋。她像一顆石子，投向了廣袤的水域，激起陣陣漣漪。不久的將來，一個新的世界又將在她面前展開。

1965 年陳淑芳應日本富士公司之邀赴東京接受專訪（《聯合報》授權，王萬武攝影）

挺過前兩三年產量銳減的衝擊，一九六二年，台語片捲土重來，當年產量隨即飆破一百二十部，幾乎是第一波高峰的兩倍，刷新紀錄。

同年十月十日，台灣首家電視台「台灣電視公司」正式開播。未久，電視台找上陳淑芳，邀她參演每週直播的台語電視單元劇。陳淑芳因此從電影轉往小螢幕發展，成為台視的固定班底。

當時大多數演員每集半小時的酬勞是兩百五十元，演出資歷豐富、已是台語片著名影人的陳淑芳能拿四百元[6]。

那時代，錄影技術與設備尚未成熟健全，電視劇採取現場直播的方式。一回，同為台視第一批台語電視劇演員的陳國鈞飾演債主，到陳淑芳戲中的家，向她父親討債。正式播映前，導演提醒出飾父親的演員，倒數五四三二一之後

6 約相當於現今新台幣四千元，一九六〇年代台灣基層公務員月薪約新台幣一千餘元。

就開始說話，沒想到一開機，他瞬間將台詞忘得精光，愣在當場。當下緊張不已的導演，作勢抽菸，暗示他拿起桌上的香菸來抽。但演員不解其意，一臉困惑，竟在鏡頭前學起導演比畫抽菸的手勢。

在那直播的年代，這類NG畫面，想攔截都沒辦法，尤其考驗演員演技、背詞及臨場反應的功力。演員不僅要熟記自己的台詞，也必須知曉其他演員的台詞，如此一來，一旦有人忘詞，便能適時插話搭救。

另一齣戲，戲中陳淑芳兒子的友人來訪，劈頭就說你兒子云云。幸好當下陳淑芳反應極快，立即答道：「阮後生敢有按呢？你閣去舞予清楚。」說畢趕緊推他出鏡。原來那人應該第四場才上場，他卻急匆匆地提前在第二場就亮相！

除了台語電視劇，陳淑芳還曾參與台灣電視史上第一個歌唱節目「群星會」。

群星會就在台視開播當天首播，由關華石製作、慎芝主持。該節目同為現場直播節目，每週兩集，每集三十分鐘，參加歌手包括謝雷、張琪、冉肖玲、閻荷婷、吳靜嫻等人。群星會播出後，熱度席捲全台，帶動了國語流行音樂的風潮，並開創男女對唱、舞群伴舞的表演形態。製作人關華石不只兼任小提琴手，還擔任音樂指導。當時陳淑芳因需負擔家計，希望多賺些錢，關華石特別教她唱歌。

剛到台視頭幾年，陳淑芳多是扮演小旦角色。直到後來某齣戲無人願意出飾母親，她自願上場。彼時不過二十多歲的她，卻要擔任實際年齡比她還大幾歲的小生侯世宏的母親。

為了扮老，陳淑芳特地到人來人往的台北車站，接連三天，只為了尋覓可供揣摩的母親形象。

她記得當時遇見一位梳包頭、身穿白色短袖唐裝上衣的阿桑，那身打扮很符合劇中角色，即上前搭訕。阿桑先是懷有戒心，但陳淑芳清楚表明來意，因此得以探問阿桑的來歷，包括她家住彰化永靖，有四個兒子，這次北上是為了看望住在三重的一子。為進一步理解阿桑的生活與心境，陳淑芳提議一同步行至三重。沿途，她不厭其煩地追問阿桑此行的心情，在火車上遇到了什麼等等細節瑣事。

道別前，陳淑芳對阿桑說：「後禮拜我就是欲演親像你按呢，毋過你干焦（kan-na，只有）提一个包袱仔，我欲閣加一支雨傘。」

「是按怎欲提一支雨傘？」阿桑疑惑。

「你攏無想著，你對下港起來台北，台北真勢（gâu，容易）落雨，你若無提雨傘，萬不幸落雨欲按怎？」陳淑芳說。

回到劇組，陳淑芳有樣學樣，梳起包頭，換上素雅的唐裝上衣，搭配長褲，看上去頓時老成不少。

從此，陳淑芳幾乎與母親角色畫上了等號，銀幕形象蓋上了鮮明的戳印。

她的想法很務實，幾乎每齣戲劇都需要母親一角，一旦演熟了，或許就可以在這行業裡撐久一點。

◆

陳淑芳在台視待了近十年，直到一九七一年，才跳槽到甫成立的「中華電視公司」。

當時台語片因黑白底片進口不易等因素，產量迅速萎縮，彩色國語片一躍成為主流。華視開台後，也因此吸納了為數可觀的台語片影人。

出身中影、曾以《我女若蘭》（一九六六）獲第五屆金馬獎最佳導演的李嘉，擔任導播組組長；曾執導《地獄新娘》（一九六五）、《燒肉粽》（一九六九）等經典台語片的辛奇為戲劇指導。一九七二年，午間台語連續劇《西螺七劍》紅遍全台，共播出二百二十二集，創下紀錄，也打響了華視製播台語電視劇的招牌。

二次大戰後，政府強力推行國語政策，台語電視劇廣受歡迎，也牽動了當局的敏感神經。一九七二年，電視節目主管機關教育部文化局發函，此後台語節目每天不得超過一小時，且須分午後、晚間兩次播出；晚間六點半至九點半的黃金時段，更是僅限一台播映台語節目。

隔年，電視節目改由行政院新聞局管轄，更嚴禁晚間七點半後播出台語連續劇，甚至若國語節目中出現台語也會被糾舉。一九七七年，則明定電視台國語播音的比例不得少於百分之七十，方言播音應逐年減少。

及至一九七九年，宋楚瑜接任新聞局局長，進一步禁止錄播台語歌曲及台語節目。陳淑芳親身經驗了此段歷史。

一日，宋楚瑜前往華視視察，翌日便下令全數改說國語。當時諸多資深台語演員，如周萬生、金塗等，不諳國語，只能勉強應付。一句「我們上樓」，說成「我們上ㄌㄠˊ」，如此例子，數不勝數。

陳淑芳的演藝之路，同時反映了台語影人的宿命，曾如眾星拱月，之後卻備受壓抑限制。她走過大時代，而時代之大，更深深影響著她。

從台灣新電影走來

進入一九七〇年代，陳淑芳以電視劇為主要工作重心，偶然間見友人學習花藝，她亦燃起興致，便師從一位日籍老師。認真投入的她，不僅獲頒日本歷史悠久的插花流派「池坊華道」教授證書，更於一九七八年赴紐西蘭參加「國際花友會」，以花會友。

因緣際會，她在雪梨轉機時結識一名澳洲華僑，在對方殷勤追求下，兩人於一九八〇年登記結婚，並在台北華國大飯店公開宴客，席開百桌。

兒時，陳淑芳的母親曾帶她到台北木柵仙公廟祈夢，夢中預示她日後必定靠嘴吃飯，年輕辛勞，步入老年始否極泰來。而婚姻呢，不能是原配。恰好這名澳洲華僑有過婚姻，她天真地以為，等在眼前的，會是明媚的未來。

她在喜帖寫下數行字：「我要笑，我要笑，我心喜歡笑，面對著暴敵，我也要笑；面對著苦難，我也要笑；面對著光明，我心更要笑。」一方面表明了她的人生觀，也透露出內心的喜悅。

然而這段婚姻僅維持二十個月即倉促畫下句點。隨夫婿移居澳洲期間，陳淑芳勤學英文，努力經營婚姻生活，但丈夫家庭經濟狀況與她原先設想不同，很快地，從台灣帶去的存款幾乎用罄。再加上人生地不熟，外出活動受到種種限制，陷入困頓與茫然的她，唯有趁丈夫回大陸省親時，向一位交好的大姊借錢買機票，悄悄返回台灣。

陳淑芳自澳洲返台那日，是一九八二年的五月七日。一抵家門，兩個弟弟正在客廳看電視新聞，突然高呼：「抓到了！抓到了！」她心頭一驚，以為丈夫發現自己逕自離家，隨後才知道，台灣首起銀行搶案的嫌犯李師科同天被逮捕了。

在婚姻裡跌了跤，陳淑芳心情糾結，原是被捧在手心的天之驕女，感情之路卻異常坎坷。回台初期，她很是惶恐，尋思是否該回頭找從前相識的導演、製片公司洽談工作機會，但念及自己兩年前才風光宴客，宣佈遠嫁澳洲，這下倉皇回台，面子實在掛不住，便躊躇不前。

當她正為往後發愁時，準備籌拍《風櫃來的人》（一九八三）的導演侯孝賢，一通電話打來，意找陳淑芳拍片。

她先是推辭：「莫，暫時莫拍。」

「是按怎？」侯導追問。

「我拄離婚轉來[7]，會予人恥笑。」她坦實。

性情豪爽的侯孝賢隨即說：「查某人離婚算啥物？無要緊！出來拍電影！繼續拍！」

思忖半晌，她總算應允了。

◆

《風櫃來的人》拍攝地點位於澎湖馬公，總計拍了二十二天。這部片是侯孝賢創作上的轉捩點，開啟了他的長鏡頭美學。陳淑芳在《風櫃來的人》中亦是飾演一名母親，當時剛離開婚姻關係的她，心裡煩悶，壓力也大，吃得少，身形格外清瘦。對未來的憧憬破滅，短短時間內，心境頓時成熟許多，這番蛻變也體現在她的演出上。

片中，陳淑芳第一次出場，是與鄰里間的幾位婦人，圍坐在窄巷裡的一張矮

7 唯當時尚未正式辦妥離婚手續。

桌旁，會腳們正忙著競標。鏡頭帶到陳淑芳，短暫從繁重家務脫身的她，神情透露出一股精明。不多久，兒子阿清（鈕承澤飾）歸來，似是餓極，蹲坐在一旁急切地扒飯，她轉頭瞥一眼，無奈頓時爬上臉龐。

經典的一幕是，阿清打架鬧事，返家後，揚言若對方來尋仇，就要大力反擊。在一旁洗菜切菜的她聽見，立刻怒喝：「你！你是欲刣啥人？」同時間，手上菜刀已朝阿清擲去。見阿清似有異狀，才發現他小腿淌血了，連忙大聲呼喚女兒取藥來。她雙膝跪地，輕撫兒子傷處，焦急問道：「會痛無？」

這短短幾幕，融合了陳淑芳自身與角色的心境。換作從前，她應不敢下重手，可能會要求拿假刀，然而這一次演出，她彷彿將滿腹的憤懣與委屈投射在角色身上，投擲菜刀的力道之猛，連她自己都頓時心驚了。

《風櫃來的人》末段一場回憶的戲，將時空拉回她年輕時候，丈夫尚未發生意外，健康正常，著一身體面潔淨的襯衫西褲，正準備去上班。而她一手拿紳

《風櫃來的人》電影海報（三三電影製作有限公司授權）

士帽、一手提著公事包，快步走向丈夫，溫柔話別。當時歲月靜好，家庭和樂，她仍是一名嫻淑和婉的女子，不能料到日後會遭遇磨難。

陳淑芳演繹了女人一生的輾轉曲折，似也遙遙呼應著，二十多年來她自身家庭與情事的不順遂。

◆

之後，陳淑芳又多次與侯孝賢合作，在《童年往事》（一九八五）、《戀戀風塵》（一九八六）裡二度扮演辛樹芬飾演的女主角的母親；在《悲情城市》（一九八九）中則是與銀幕拍檔陳松勇合演夫妻。一九九二年，她也曾隨侯孝賢團隊赴中國福建拍攝《戲夢人生》（一九九三）。

拍侯孝賢的電影，讓陳淑芳印象深刻的是，常常沒有劇本。侯導會在拍攝前一天跟演員說明劇情，演員得自個兒記住。例如《風櫃來的人》按劇本拍攝的部分約只占一半，另一半臨場即興。前製時期，分場完成，最重要的是找演員和勘景，往往直到勘景時，故事才依著眼前環境發展，劇本漸漸孵育完成[8]。

在表演上，侯導崇尚自然，多讓演員自由發揮。為捕捉未經太多雕飾的神情與肢體動作，他喜歡趁試戲時偷拍。導演不明說，但演員多心知肚明，也就不理會攝影機開機與否，儘管放鬆了來演。

陳淑芳過去拍片，劇組為了經濟省時，分鏡總是很明確，例如雙方對戲，會先拍其中一人，另一方暫且退下，演員得自行對著空氣做表情、說台詞，完了再換拍另一人。經過剪接，雖能湊成完整對話，神態和情緒卻難免不到位。侯導一改前人作風，一場戲先是從頭到尾完整拍完，若需強調特定角色，再單獨

8 參見朱天文《最好的時光》，印刻出版，二〇〇八年。

《悲情城市》電影劇照（陳少維提供）

拍他，唯其他人仍得配合著再演一遍。此即長鏡頭的拍攝手法，將鏡頭拉遠拉長的好處是，導演得以客觀地觀察環境的全貌，細察其間的氛圍流動，演員也更容易進入片中的節奏。

這樣的表演方式，跟陳淑芳以往經驗截然不同，讓她打破了自我與角色的區別，將自身融入角色之中，無形中更貼近表演的本質。

在《戀戀風塵》中，陳淑芳飾演女主角阿雲（辛樹芬飾）的母親。儘管戲分不多，但片尾一幕，倚在門邊的她，雙手抱胸，一臉慍怒，轉開目光不肯看移情別戀的女兒一眼，從頭到尾未發一語，但那神態已道盡一切。

侯孝賢的電影語言節約，主題常隱約埋伏在生活細節裡，不說得太露太白。因此，儘管拍了，最終選擇拿掉的戲分很多。再者，因多為主鏡頭（mastershot），以遠景完整拍下整場戲，對戲時，只要任一方有差池，或是某個環節不對，便乾脆捨棄不用。

《戀戀風塵》電影劇照。左為梅芳，右是陳淑芳。（國家影視聽中心提供）

到了講述國寶級布袋戲大師李天祿年輕故事的《戲夢人生》，陳淑芳飾演青年李天祿（林強飾）的乾媽。有一場戲，她躺在二樓炕上抽水菸，李天祿進屋上樓找她商量借錢一事。這場拍攝原可直接從他倆在二樓的對話展開，但侯孝賢希望兩人醞釀情緒，便要林強從樓下門口走進，陳淑芳在炕上聽見木屐喀喀喀地由遠至近地傳上來，鏡頭並沒有拍攝這段路程，卻給了演員蓄積情緒的空間。

陳淑芳自認這場戲表現得很好，未料首演前一天，接到侯導電話：「淑芳，你明仔載毋通來戲院。你遐愛哭，假使若來，一定會流目屎。」

「是按怎？」她問。

「我老實共你講，你整段戲我攏刪去矣。」侯導說。

遠赴福建拍戲，卻沒有任何鏡頭留下，她一方面覺得委屈，默默落淚；同時也真正意識到，一部戲的成功，不單要演員演得好，編劇、攝影、燈光、美術、剪接，環環相扣，有時考量到整體的呈現，捨棄部分橋段亦是不得不然。

◆

一九八〇年代，以侯孝賢、楊德昌為首的「台灣新電影」，影像風格寫實，題材反映現實，為台灣電影開創了新的藝術形式。陳淑芳很常受邀出演，除了侯孝賢作品裡的母親角色，還曾參與曾壯祥執導的《殺夫》（一九八四）。拍攝地點也在澎湖。

《殺夫》改編自作家李昂一九八三年《聯合報》文學獎同名中篇小說首獎作品，描寫漁村孤女林市（夏文汐飾）被賣作屠夫陳江水（白鷹飾）之妻，遭受近乎強暴般的欺凌，以至最終殺死丈夫。李昂以銳利如刀的文字劃破兩性之間的權力關係，發表後掀起甚大爭議。在電影中，陳淑芳飾演一名鄉婦，因為她的碎嘴閒話，讓林市陷入孤立無援的處境。

當初陳淑芳接到劇本，乍看片名「殺夫」頗為駭人，但心想不是出演主角，也就接下。她自知這婦人是個三姑六婆，甚至帶著那麼一點嫉妒與壞心眼，難免帶來負面觀感，然而身為演員，她不在乎角色形象好壞，接下反派角色，若能讓觀眾恨得牙癢癢，便稱得上是成功。

台灣新電影期間，陳淑芳最突破自我形象的角色，當屬在楊德昌《青梅竹馬》（一九八五）裡飾演一名幹練的職場女性。故事環繞著一對交往多年的情侶阿隆（侯孝賢飾）、阿貞（蔡琴飾）展開，阿隆在台北迪化街經營布行，觀念傳統守舊，阿貞則是建設公司的高級助理，過著新興中產階級的生活，且懷抱美國夢。陳淑芳飾演阿貞的上司梅小姐，這是她第一次剪短髮，妝容亮麗，身著俐落套裝，腳踩高跟鞋，一派沉穩自信，氣場強大。

陳淑芳難得以此妝扮現身，讓觀眾瞬時驚豔，也不由引人好奇，若非她年僅

《殺夫》電影劇照（湯臣電影事業股份有限公司授權）

上圖：《小爸爸的天空》電影劇照（國家影視聽中心提供）
下圖：《青梅竹馬》擷取畫面（三三電影製作有限公司授權）

十八時即超齡演出母親，日後又在眾女星抗拒扮老時，自願擔下母親甚至阿嬤的角色，從此定型，是否有可能開展出不一樣的戲路？

但陳淑芳自認長相不特別嬌美出眾，且不擅圈內交際，要在眾多年輕貌美的女演員中勝出，並非易事。既然無法與人爭奪女主角，不如先鞏固住母親這個角色，如此演藝事業或許可長可久。

◆

侯孝賢讓演員盡情自然發揮的作風，濡染著陳淑芳。在拍攝現場，侯導常說：「生活就是按呢嘛！」陳淑芳在新電影裡的戲分雖不多，但講究素樸自然，受生活啟發而回歸生活的表演風格，卻深深影響了她往後的演出。

返璞歸真的表演，在林正盛的第一部劇情長片《春花夢露》（一九九六）發揮得淋漓盡致。林正盛承襲台灣新電影美學，崇尚寫實、自然，他堅持不要制式的電影場景，製作團隊到了台東拍攝地，第一件事是下田種菜、養雞養狗，時間一長，生活的況味自然呈現。

片中，陳淑芳飾演一名長期臥病在床的老婦，為求傳神逼真，她竟義無反顧地逕自鋸掉三顆門牙，以表現老人家講話漏風的模樣。很多人因此說她笨，牙齒鋸了可不會再長，但她心念單純，只想把戲演好。

表演講求細膩真實，得依循生活習性，例如拍睡覺的戲，就應素顏、自自然然躺著。陳淑芳敏於觀察，常留心周遭的細節變化、旁人的一舉一動，就連一個人如何開門、倒水等瑣事，也仔細記在心上，只為了日後表演也許派得上用場。

墜入低谷

陳淑芳耳朵長，台語裡有個說法「搧大耳」（siàn-tuā-hīnn），意即一味聽信他人，不辨真假，以致被哄騙。她自嘲，自己就是如此。

一九八五年拍完《殺夫》，自澎湖返台，一同演出村裡婦人的女演員到她家借住一晚，翌日早晨，電話響起，指名找該演員。陳淑芳心生疑惑。演員友人到客廳接電話，似乎是為了錢爭執，在房間裡的陳淑芳索性拿起分機話筒，並忍不住插嘴：「你莫逼伊，差你偌濟？我先開支票予你。」電話那頭說：「攏總欠二十七萬，伊講三個月欲還我，若無，你就開支票啦！」陳淑芳二話不說應好，以為暫解同行友人燃眉之急，此事就此解決。

未料，該演員將支票拿去地下錢莊貼現，地下錢莊收到該支票卻未能兌現，轉而向開票的陳淑芳要錢。在不知事情原委的情況下，她不願支付款項，沒想到利滾利，竟很快演變成高達九百多萬的負債。

後來，不僅她名下三戶公寓被迫拍賣，地下錢莊還三天兩頭上門討債。每次來，當場打開她的皮包，若有一百塊就拿一百塊，若是一千，則留五百讓她作為家用，其餘五百取走。

她無力償還，卻不願與人交際應酬以求得更多演出機會；偏偏此際又逢同住多年的繼父生病，她得一人扛起家計，簡直走投無路。

最谷底時，清早起床，設法湊出一兩百塊交給母親買菜，說了聲：「我欲去上班矣！」即取一瓶水出門。事實上，她根本無班可上，一個人走到公園坐著發愁，餓了，就喝那一瓶水。她一整天沒跟誰說上什麼話，只是不斷地自問：為什麼會演變成這樣？是哪個環節出了差錯？

那段時間，她在華視演出電視劇，但畢竟正值國語劇的天下，台語劇播出時段有限，因此收入微薄。台語電視劇一集半個鐘頭，她的片酬是九百元，不管戲分多寡，只要入鏡即可領薪，製作人同理她的處境，主動幫她加戲。儘管如此，相較於鉅額負債，這點片酬仍是杯水車薪。

愁眉苦臉不是辦法，她決心積極振作，自台北民生社區的租賃處一路走到電影公司雲集的西門町，一家一家登門詢問有無工作機會。皇天不負苦心人，總算讓她接到了一個小角色。

上工第一天，劇組人員到公司集合，準備乘坐巴士前往高雄拍攝，她上車坐定沒多久，就聽見窗外有人喊她下車。她摸不著頭緒，問道：「按怎？」對方說是某人派他來的，一聽即知是地下錢莊又來討債。當下她不知哪來的膽子，沉住氣回他：「你敲電話去問，欲錢抑是欲人？欲錢，予我去拍戲，我共公司講，莫提支票，領現金，拍八折。假使欲人，我佮你行，我莫拍矣！」地下錢莊這才同意讓她出發去拍片，等領到片酬再來討。

之後，上門討債的人愈來愈多，甚至一度爆增到九組人馬。賺來的錢，她往往得分成十一等份，九份償還，一份給媽媽作為生活費，她自己留下一份當作交通費。

期間她屢屢要求演員友人償還鉅額借款本息，對方不僅置之不理，一九九一年竟還一狀告上台北地檢署，誣指她逼迫賣娼還錢，儘管最後最高法院判決她涉嫌圖以重利以及脅迫的罪名不成立，但她數年來辛苦拍戲攢下的酬勞，卻早已付諸流水。

判決出來後，她的律師表示，可協助她打官司把錢討回，但要四六拆帳。

那時母親癌症末期，母親開導她：「看較開咧，你閣遐少歲，毋通傷計較。莫閣共伊討，準做頂世人欠伊的，這世人還清就好，抑無後世人閣纓纏（inn-tînn，糾纏不清）啦。」她仍惦記著房子沒了，母親說：「無厝無要緊，共人租就好，像我閣活也毋知偌久，厝嘛扛袂倒轉去啦。」

母親又勸她：「法院毋是好所在，莫閣入去矣。你是一个演員，逐日愛打扮甲媠媠，毋通穿甲不答不七去共人討錢……」聞言，陳淑芳不再多說。是的，不再與人計較，憑一己之力賺錢，賺多少用多少，但積欠的龐大債務總得設法償清。

除了讓人焦心無奈的債務問題，母親的身體狀況也持續惡化。偏偏她手頭緊，沒錢讓母親動手術。這時她想起當年在宜蘭念書時認識一個男生，後來在屏東某家醫院擔任外科醫師，便試著聯繫上他。他知道陳淑芳經濟拮据，主動表明願意免費為她母親開刀，這份雪中送炭一般的善意，令陳淑芳感動不已。

當時醫生評估她母親的生命大約只剩六年。母親只有她一個獨生女，最後的歲月，她希望自己能盡量陪伴在側。她跟母親原本同睡一張大床，考量到她翻身與起身時，床墊稍有震動，都可能造成母親的不適，特意改換成兩張單人床。她跟母親依舊同睡一房，足足六年，直至母親往生。

陳淑芳長相肖似母親，但個性更像父親，爽朗不拘小節。父親像老大，出門在外，不願靠人吃飯，她也是。她口袋裡好似放不了錢，若見旁人有難，即毫不思索地掏出錢來，一如當年父親慨然以金條接濟鄰里。陳淑芳不善管帳，對金錢更是不那麼上心。她最在意的，是周遭的親友都過得好。

出道以來，她詮釋過無數悲情人物，不曾料到，現實世界中的自己，也走上了鋪滿黯淡色調的道途。

◆

一九九〇年代，隨著政府機關取消外片進口配額限制，台灣本土電影無力抗衡，觀眾流失，資金也不再挹注，台灣電影產業進入了黑暗期。在此同時，電視劇則迎來了黃金年代，製作精細的戲劇，屢屢創下高收視率，為演員帶來可觀的工作機會，陳淑芳遂再度將事業重心轉到小螢幕，走入家家戶戶，成為台灣人熟悉的母親身影。

時值台灣解嚴不久，兩岸交流愈益頻繁，「瓊瑤劇」風靡全台，華視與中視接連推出瓊瑤小說改編的民初劇。一九九〇年華視製作瓊瑤《六個夢》之《婉君》，由劉立立執導，並前往中國大陸取景。

劇組原是遍尋不著能出飾奶媽角色的演員，當時陳淑芳仍持有澳洲護照，入境大陸無需另行申請，因此獲得演出的機會。參與的演員，幾乎全是「國語掛」，就她是台語片出身。到了當地，她也得學著說上一口北京腔。

一九九三年，華視推出八點檔連續劇《包青天》，採單元劇形式，主角為宋朝清官包拯，藉其審理的一系列特殊刑案，闡述忠孝節義故事。一開播即掀起全亞洲包青天熱潮，電視台一再延長集數。陳淑芳在其中一部單元劇〈報恩亭〉裡飾演一名清貧的老嫗，膝下無子，某日拾得一子，悉心撫養，日後卻遭養子無情無義對待。因此劇，陳淑芳更以慈愛寬厚的母親形象深植人心。

一九九五年，陳淑芳結束與華視長達二十三年的演藝工作合約，可到其他電視台接戲。

由於此前奠定了深厚的群眾基礎，一九九八年，她受邀參演台灣第四家無線電視台「民視」的八點檔連續劇《春天後母心》。民視以本土化節目作為市場區隔，打破台視、中視、華視三台獨霸的局面。本劇播出後一砲而紅，帶動了台語連續劇的風潮，也讓向來看重台語的陳淑芳，重新找回了舞台，發揮語言優勢。

她在《春天後母心》中飾演陳松勇的母親「李陳笑」，雖身在豪門，仍為了家族諸事煩憂，周旋於人情世故之間，隨著家道中落，更得獨自撐起家計。投入演藝工作四十年，她經歷的許多角色境遇相仿，反覆磨練下，情緒的拿捏愈發游刃有餘，因此劇，她首度獲金鐘獎女配角獎提名。同時，戲外的現實生活，似乎也慢慢走出谷底。債務壓力不再大如山，日常的步履得以稍稍鬆快些。

這段期間，台灣有線電視頻道數量大增，逐漸形成百家爭鳴的局面。由慈濟創立的大愛電視台在一九九八年成立，以製播淨化人心、適宜全家觀賞的普遍級節目為訴求。取材自真實人物故事的「大愛劇場」，以紀實手法刻劃人物的曲折經歷與奮鬥心志。為求忠於現實，須經多次田調與採訪，劇本反覆修改，從訪談至拍攝，費時一兩年是常有的事。陳淑芳因形象正面且親民，成為大愛劇場時常合作的班底。

在一九九九年大愛劇場《失落的名字》中，她飾演一位精神失常、遊蕩屏東街頭的老婦人。導播龐宜安曾讓陳淑芳看一段現實中主角本人的側拍影片，但為了更貼近真實，陳淑芳主動兩度南下屏東，置身當地市場觀察好些天，仔細端詳其神態舉止。回台北後，她特地請服裝師張羅來髒舊的斗笠、襤褸的裙子，使扮相更到位。

該角色年輕時遭遇一段心碎戀情，導致心神恍惚，幾乎不開口說話。因此陳淑芳的裝扮邋遢，台詞寥寥無幾，她每天手挖泥巴以弄髒指甲縫，還用眉筆將手臂塗黑。時而癡傻憨笑、時而恍惚出神的神態，在在挑戰演技，陳淑芳皆揣摩得唯妙唯肖，後因此劇首度入圍金鐘獎女主角獎。

二〇一二年，大愛劇場推出溫馨家庭倫理劇《家有五寶》，網羅陳淑芳、梅芳、上官鳴、關勇、沈海蓉等演技派老將，並邀來曾以《八月桂花香》（一九八八）、《新龍門客棧》（一九九六）獲頒金鐘獎導播獎、戲劇導演獎的朱莉莉執導。陳淑芳飾演一名受日本教育的國小老師，晚年因喪偶獨居，後搬去與她撫養長大的侄兒同住。故事圍繞著家中五位省籍、生活習性大相逕庭的老人家展開。

朱莉莉與陳淑芳同為國立藝專校友，相繼進入台視，卻是直到合作《家有五寶》才真正認識。朱莉莉回憶，初次見到陳淑芳，見她自計程車下來，身穿一襲中式棉襖，漂亮優雅，與她飾演的國小老師的典雅形象不謀而合。

相較於「指導」演員，朱莉莉更偏愛從演員身上挖掘符合角色的特質，在溝通上，多著重在該場戲角色的情緒心境。她長期觀察，敬業的演員無論拍攝幾次，每次都是全力以赴，而為了讓演員在最好的狀態下演出，不因一再重拍而顯得疲乏，她拍戲的節奏向來較快。

陳淑芳飾演的國小老師，獨立、剛強，幾場與弟弟鬥嘴的戲卻又逗趣可愛，與陳淑芳本人有幾分雷同。最令朱莉莉動容的一場戲，是描述這位老師一個人到公園晨運。這場戲沒有起伏情節，拍攝前，朱莉莉未特別與陳淑芳溝通，見她只是獨坐在公園一隅，老年人孤單落寞的心境即流露無遺，足見厚實的表演功底。另有一場交際舞的戲，因自小習舞，這場戲自是難不倒她。朱莉莉對她在鏡頭前自信婀娜舞動，很是驚豔。

在朱莉莉眼中，陳淑芳堪稱一個典範，「我非常欣賞她對自己的要求，以及她對專業的尊重。她尊重、信任所有專業的人，包括服裝、化妝，就像一個新生兒，全然把自己交付出去。她也接受所有的挑戰，特別值得年輕人效法的是，她保持開放，一直到現在都還在學習，不活在過去。」

◆

二〇〇〇年起，民視、三立相繼推出鄉土長壽劇，兵家必爭之地的八點檔，戰火愈演愈烈。

陳淑芳多次參演長壽劇，包括二〇〇〇年民視的《飛龍在天》，以及二〇〇四年三立的《台灣龍捲風》。長壽劇多為ON檔戲，即一邊寫劇本一邊拍攝，隨即趕著播出。當時陳淑芳已年逾六旬，為了配合軋戲，經常作息顛倒，甚至連續兩三天都沒能好好睡上一覺。

拍攝《台灣龍捲風》時，一回，她在演完一場情緒張力甚大的戲後，間不容髮，緊接著再趕拍下一場，在疲憊、飢餓，加上背詞的多重身心壓力下，她滿腹委屈的回家，大哭一場後，即向執行製作提議，不如將自己的角色終結。

如此拍攝模式，對於演員的體力與臨場反應是極大考驗。每齣戲製作方式不一，有些電視台會盡早提供完整劇本給演員，有些僅有大綱，還有只發通告，卻不見劇本的。一旦沒有劇本，只能在現場等，待聽到影印機喀啦喀啦作響，表示劇本來了。這時演員們得趕緊對戲，很快就要上場。

《台灣龍捲風》那一次，陳淑芳難得「罷工」，某種程度也是提醒製作單位，應體恤演員，預留足夠的準備時間。她冷靜一晚後，與劇組約定，翌日很快就補拍完成。

長壽劇為拚搏收視率，對演員而言也像是殘酷擂台。一般數十集的連續劇，故事主軸多半鎖定一兩條線，每名演員戲分的多寡早就排定；但長壽劇可能有三、五條線同時發展，電視台會監看每一條劇情線的收視率，哪一條收視率高，就有機會加戲，若收視率不佳，那條線即可能提早結束。為了爭取留在場上的機會，演員爭相賣力演出，悲劇人物哭得驚天動地，出演惡人者更加逞兇鬥狠，只為製造話題，增強觀眾的印象。在如此高強度的競爭環境下，適應力旺盛的陳淑芳，仍是存活了下來。

二〇〇七年起，陳淑芳工作重心多在中國大陸，此後六年，她陸續參與大陸製作的《富貴在天》（二〇〇八）、《天涯赤子心》（二〇一〇）、《團圓》（二〇一二）、《望海的女人》（二〇一二）、《吉人自有天相》（二〇一三）等劇。

大陸劇製作嚴謹，且強在考據，歷史古裝劇、宮廷戲尤其如此。準備開拍時，演員、劇組人員從四面八方而來，住進同一飯店，專心備戲。陳淑芳說，她在大陸備受禮遇，一下飛機就有專人來接，到了飯店，工作人員隨即送上完整劇本，而後定裝、化妝梳頭、開拍，流程清清楚楚。

為了不落人後，拍戲前，陳淑芳牢記所有台詞，不帶劇本上場。劇中飾演她兒子的男主角，見她一整場戲下來，完全沒看劇本，很是吃驚。她難掩驕傲之情，說道：「台灣演員都這樣！」

◆

民視開播後，旋即以鄉土劇在台灣電視圈撐起半邊天。鄉土劇多半講述大家族故事，而陳淑芳無疑是詮釋阿嬤一角的重要人選。

民視資深導播徐秀華強調，「打扮起來有分量、有氣質，還有口條，有些阿嬤演員是扮不了的。」相較於同齡者，天生麗質的陳淑芳還散發出一股貴氣與威儀，扮起大家長特別稱頭。

且這類鄉土劇拍攝節奏非常緊湊，有些上了年紀的演員負荷不了，陳淑芳卻能應付裕如。在徐秀華看來，八點檔連續劇的拍攝雖速食，對演技的鍛鍊卻不無助益。一方面，演員要能即時入戲；另一方面，棚內、外景的戲會分別集中拍攝，而非按照情節時序，所以演員的邏輯與記性要好，能掌握該場戲與前一兩天情節橋段的關聯，角色的情緒狀態才得以連貫。

在拍攝手法上，民視鄉土劇不要求演員面對鏡頭演出，因此更有靈活發展的空間。而針對硬底子的資深演員，導演會說明劇情發展，稍加引導，再由演員自行發揮。無需硬記台詞，真情入戲最重要。

陳淑芳領悟力強，特別懂得拿捏分寸，她會捉摸自己在劇中的定位，思考如何跳脫制式，演得跟別人不一樣。像是在民視二十週年台慶大戲《幸福來了》（二〇一七）裡，她與孫輩的互動逗趣可愛，還自行設計角色的慣性手勢動作，讓觀眾留下鮮明印象。有時一旦編劇發現演員的不同面向，就會朝那個方向發展。好的演員，不會枯等編劇鋪路，而是主動賦予角色生命，延續戲裡的未來。

在表演的細緻度上，演技功力亦高下立判。例如某場戲，編劇寫的是從頭哭到尾，經驗不足的演員也許照本宣科，卻哭到教人疲乏煩躁。資深演員則會斟酌判斷，重點應放在哪裡，到特定時刻才情緒爆發，飆出眼淚。

徐秀華也指出，陳淑芳很重視台語。她在家看電視時，一聽到同劇演員的措辭、發音有誤，也會即刻打電話給徐秀華，請她記得糾正。

「台灣囡仔袂曉講台灣話！我真驚五十年後就無台語矣！台語真婧！我有代誌無代誌會佮遐个囡仔講，等一下台詞毋通按呢講，『恁兜』（你／你們家）、『阮兜』（我／我們家）、『恁的家庭』、『恁厝』，袂當五个人攏講『ke』！恁兜攏咧飼ke（雞），攏無咧飼ah（鴨）！」陳淑芳一再向製作單位要求，台語電視劇應設有語言指導。無奈即便請了語言指導，有些演員背不起來，或是「講袂輾轉」，不假思索要求換一種說法，彼此意見不同，以致無法達到理想水準，也是常有的事。

《幸福來了》全劇共兩百六十集，拍攝至約莫三分之二時，陳淑芳總算償清糾纏三十年的龐大債務，心情上輕鬆了許多，工作時也顯得更加開朗。

「她常常跟我說，她來民視錄《幸福來了》，是真的幸福來了，她很滿足。」徐秀華特別讚賞她對於人生的豁達，「她的人生有自己的方向，錢還完了，未來要做什麼事，她自己心裡就有個底，後來她開始到偏鄉去做公益。」

徐秀華私下常與陳淑芳交流，受到很大啟發，「一般人到了這種年齡，心裡會怕死或害怕什麼什麼，她完全沒有這樣想，她的人生是不斷往前衝，不斷開發新的可能性。她常說，管他的！我要嘗試！她不怕天不怕地，給人很多正向的能量。」

影后的誕生

對陳淑芳而言，拍戲是興趣，但從現實面來看，也是為了賺錢養家。她跨足電影、電視劇、配音、廣告代言，也現身購物頻道，是為了扛起一家生計、為了還債，往往無論酬勞多少，再苦她都接。她的字典裡，幾乎沒有「不」字。

另一方面，她又傾力支持年輕人拍片，從一九九四年以極低片酬，接下林正盛取材自家族故事的十六毫米短片《傳家寶》，到二〇一七年參與許承傑研究所時期的畢業製作短片《孤味》，樂於提攜後輩，始終如一。

債務償清、經濟壓力稍減的她，開始練習拒絕的藝術，面對不適合的戲約，懂得說不；同時，她也大膽嘗試更多元的角色類型。

像是公視「學生劇展」《蜜桃熟成戀愛》（二〇一六）中，她飾演不良於行、獨居的七十二歲老奶奶蜜桃，因聽從地下電台賣藥主持人祖傳的祕方，意外奇蹟回春。外表變成花樣少女、軀體裡仍住著老靈魂的她，在銀髮聯歡會上，遇見擔任志工的男大生阿凱（宋柏緯飾）。正當兩人譜出一段甜蜜戀情，上天卻殘忍地收回了祂的魔法。

其中一場戲，陳淑芳僅著輕薄襯衣，阿凱自她幼嫩光滑的小腿一路親吻而上，才突見清純蜜桃竟變身成一個老奶奶，大驚失色，嚇得落荒而逃。超越尺度的演出，讓人不禁期待她在表演上的更多可能。

公視懸疑時代劇《疑霧公堂》（二〇一九），改編自清代喧騰一時的懸案——霧峰林家「林文明壽至公堂案」。同治九年三月十七日，官拜副將的林文明被斬殺於公堂之上，真相不明。本劇從幾個人物的不同視角，試著還原最終真相。陳淑芳出飾林家老夫人林戴氏，穿戴重達四公斤的戲服和髮飾，板起臉，神情肅穆悍然，氣勢懾人。

同一年，她在施立執導的電影《野雀之詩》（二〇一九）裡，飾演與曾孫小翰（高於夏飾）在山城小鎮相依為命的含笑姨。淡漠的神情，內斂的口白，與片中悠遠空靈的山林遙相呼應，表現出角色超然的生死觀。

接下這角色時，她心想，含笑姨長年背著簍子撿拾地上煤炭，到了八、九十歲，必定佝僂，遂主動向導演提議，全程駝著背演出。拍戲當下陳淑芳已屆八十，本就容易腰痠，拍這部片時痠痛加劇，甚至必須打針、服藥，以克服身體上的不適。

拍戲六十三年，陳淑芳現今接到的，自然俱是上了年紀的角色，或年邁衰老，或病痛纏身，情感心緒往往埋藏得更深層，因此在詮釋上須更為含蓄內斂，這愈發仰賴對於角色心境、聲音表情的細微琢磨。

《野雀之詩》電影劇照。左是陳淑芳，右為高於夏。（一顆星工作室有限公司提供）

◆

二〇二〇年，她在鄭有傑導演的劇情長片《親愛的房客》中，飾演罹患糖尿病的母親秀玉。秀玉跟孫子悠宇（白潤音飾）及房客健一（莫子儀飾）同住，她兒子數年前與健一出遊登山，意外罹難，以致她對健一始終懷有怨懟，即便他一路悉心照顧實無血緣關係的祖孫倆。直到秀玉病重，始轉而接受健一，並認可健一與兒子的同性伴侶關係。其間情緒幽微起伏，陳淑芳演繹得恰到好處，與莫子儀間的對手戲尤其觸動人心。

先前拍攝《孤味》短片的導演許承傑，有意將此改編自外婆真實故事的題材發展成長片時，又找上陳淑芳出演劇中同一靈魂人物秀英。秀英經營一家小有名氣的餐廳，獨力撫養三個女兒（謝盈萱、徐若瑄、孫可芳飾）長大成人。她的堅毅與固執一如台灣許多典型母親，直到慶祝七十大壽當天，接到離家多年的丈夫驟然離世的消息，長期忍抑的情感隨之翻湧而出。

這部片籌拍之初，集資過程屢屢受到投資方的質疑：一部以年長阿嬤為主角的電影，既無動作場面，又沒有扣人心弦的愛情故事，能有什麼看頭？不服輸的陳淑芳，難得遇見能夠讓她徹底發揮的劇本，加上票房的壓力，表演時格外投入。在詮釋主人翁時，她融合了導演外婆的境遇，以及她母親、她自身感情上的波折，可謂是將恩師崔小萍的「第三自我」概念運用得最純熟的一次。本片以厚實細膩的情感擄獲觀眾的心，口碑甚佳，創下一億九千萬的票房佳績，成為該年度國片票房冠軍。

二〇二〇年無疑是陳淑芳大放異彩的一年。她首度入圍金馬獎，即同時以《親愛的房客》、《孤味》入圍最佳女配角獎及女主角獎。這也是她從影以來第一次出席金馬盛會，為此特地訂製了一襲寶藍色繡花旗袍。

頒獎典禮上，坐在台下的她，難掩緊張，雖不抱希望，仍暗暗期盼有幸獲獎。當晚，她先以《親愛的房客》摘下最佳女配角獎，繼而又以《孤味》奪得最佳女主角獎，當頒獎人宣佈她再度獲獎時，她激動得雙手掩面。

評審團的評語是：「陳淑芳入行超過六十年，作品不計其數，演技爐火純青，她在《孤味》中，演活了獨立撐起家庭的強悍母親，卻又在生離死別裡悟出放下的道理，充滿細節及張力的表演，收放自如。」不只肯定她在《孤味》一片的詮釋，亦是稱揚她在專業崗位上長久的堅持。

一舉擒下兩匹金馬，是她漫長的表演生涯中，很重要的肯定。她演了一輩子的母親，戲路看似單一，但她卻能不斷超越一般人對母親的既定想像，認為自己不只是扮演母親，還是詮釋形形色色的女人，因此能夠一再演繹出人性的多面與深沉。

然而在「金馬雙料影后」光環的加持下，她戰戰兢兢，對自己的要求更高，壓力也更重。

陳淑芳獲得金馬獎最佳女主角時難掩激動（台北金馬影展執行委員會授權）

拍過各類戲劇，陳淑芳最想挑戰的是「藝術片」。年輕時候，她著迷於日本電影，尤其欣賞演出《蒲田進行曲》（一九八二）與《死之棘》（一九九〇）等片的松坂慶子。她對女性幽邃心緒與身體的演繹，總是意味深長。

近年她看了改編自潔西卡·布魯德報導文學作品、華裔導演趙婷編劇執導的《游牧人生》（二〇二一），講述一名步入中晚年的失業女性，以車為家，打零工謀生，儘管困頓受挫，仍堅定地行走在一望無際的廣袤大地，開啟屬於自己的獨一無二的旅程。

陳淑芳說：「我覺得那個女人就像我。」回顧她漫漫一生，旅途中有低谷、有困惑，卻仍堅強果敢，片中角色彷彿是她的鏡像。有一幕，法蘭西絲·麥朵曼飾演的主角芬恩，赤裸走進溪澗，浸沐在清澈的溪水裡，她覺得好美好美。

在她眼中，角色情感的極致表現，就是藝術，就是美。

◆

走出戲棚，不工作的時候，陳淑芳喜歡待在台北市區的租屋處。巨蟹座的她，戲稱自己是「在家座」：「我很宅，只要進家門，就不會再出去。」「一個人住很好啊！我夏天洗了澡，可以不用穿衣服。浴巾一圍，就坐著看電視，沒有人管。冷氣要開要關，是我自己的事情。」過去數十年，她多數時間與家人同住，直到近年，才終於從各式社會角色中抽身，因此對她而言，獨居不意味著孤苦無依，反而更像是鬆了口氣，回到自我。

住處是一間僅十一坪大的套房，隔成一房一廳，被她視為私家重地，平日少讓人進屋，唯獨助理可以。在這裡，她可以完全依隨自己的意思過日子，平時工作帶回的劇本、紀念禮，隨手丟著，不用急著收拾。

房間一隅有簡單的流理台，多年來，她早餐吃得健康清淡，果汁、水煮蛋、地瓜，從來不膩。劇組提供便當，她會將沒動到的白飯打包回家，放進冰箱冷凍庫。要吃時，煮一鍋湯，加入肉與菜，料理成粥或麵，如此一餐便很可口。她平時生活簡省，卻常掏腰包請客，時時照應身旁的人。

順心自得，也反應在對容貌與年歲的心態上。

一名從事醫美工作的朋友曾好意問她：「阿姊，你法令紋太深了，我幫你打兩針好不好？」她想也不想，斷然拒絕，並戲謔笑說：「我就是靠這兩條在賺錢啊，我演老太婆，當然要有這兩條啊！如果沒有這兩條就不老了，我不要！」陳淑芳觀察現今演員接戲，有時會做一點微整型，若整得太過，即一臉緊繃，讓她幾乎要認不出了。

但她仍是愛漂亮。不上戲的平常日子，她植睫毛，頭髮吹整得有型有款，只是略施脂粉，即雍容亮麗。「有一天，我真的走了，也要漂漂亮亮的走，不要卸妝，要有眉毛。」多年來，她不紋眉，也是為了配合工作，「有時候演年紀很大的人，沒有眉毛，或就這麼一小塊，淡淡的。」若角色更老、更苦，要她卸掉睫毛，甚至取下假牙，她也願意。

戲劇角色和現實人生，她心中自有一道界線，不會混淆。下了戲，「老」這個字放在她身上，既成立，又不成立。

「我不承認年紀大就是老了。」步入耄耋之年，她依舊老神在在，一點不怕。「我現在八十三歲，都跟人家說是三十八歲，三八三八，你不覺得我比較三八？因為我覺得再不跟人家三八，不跟人家笑，人家會很怕我，說得獎就這樣子，我會因此沒有朋友。我這一輩的朋友愈來愈少，現在都要找年輕人做朋友。」她一邊說，一邊露出了促狹自嘲的笑容。

陳淑芳不服老，平時過馬路，助理若伸手過來牽她，她俐落一甩：「不要啦！我沒有那麼老！」這幾年拍戲，劇組工作人員擔心她年紀漸長，體力不濟，常好意搬張椅子讓她坐著歇息，她也直說不用不用。「我不想，也不要。」不是賭氣，只是自覺狀態仍好，無需旁人特別照料、服侍。

她熱愛製作早安、晚安圖，每日精選美照，上字，再一一發送給眾多親友。交遊廣闊的她，單是發一則圖文，便得耗去一兩個小時。這是她報平安的方式，同時也是她充沛活力的展現。

「我的人生只有三天。我昨天過得很好，今天要比昨天更好、更快樂，為什麼？因為今晚睡下後，明天早上眼睛有沒有張開不知道。這三天，我前兩天過得很好，就滿足了，到第三天，眼睛還能睜開，像是賺到一天，不是很好嗎？」

陳淑芳覺得此刻的人生很幸福。儘管身邊親友逐一離開，但對她而言，老去、消逝，是生命必經之路，她不避諱，也不懼怕。

甘於做一輩子演員的她，從未想過退休，甚至曾央求導演，如果有一天，她不良於行，請為她寫一部劇本，為她打造一個老了、病了，必須坐輪椅的角色。她生來屬於舞台，最美好的結局，是能夠在表演之中，向眾人謝幕。

從影超過一甲子，陳淑芳參與了台灣影劇史的發展遞變。一路以來，她善盡本分地做好每一份工作，哪怕只是一個陪襯的角色。

時代的浪，一波又一波，累月經年，將她沖刷磨成了一顆卵石，渾圓、靈動、堅韌。浪潮來去，她始終在那裡，一如當年那個被母親帶去跳海的八歲小女孩，顯現驚人的生命力。

始終在那裡，是她對表演所展現的，最深的愛。

輯二 ● 對話

我不是要找一個有自覺、會講出一番道理的演員

林正盛 導演
×
陳淑芳 演員

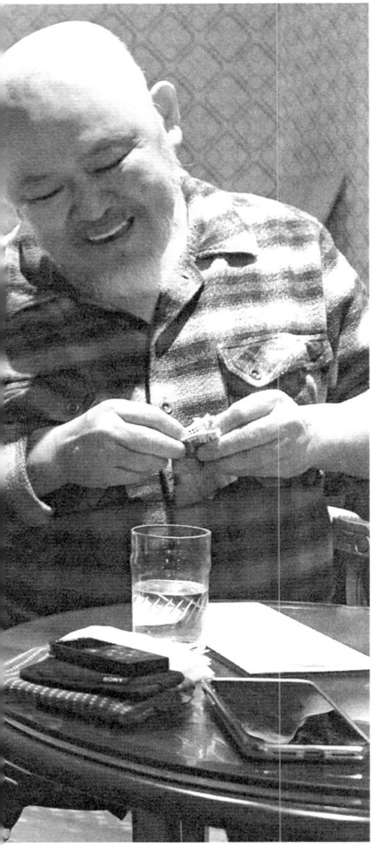

時間：二〇二一年十二月八日
地點：孵咖啡洋館　台北
攝影：張雅茹

傳家寶
年代：一九九四
類型：短片
長度：六十分鐘
導演：林正盛
編劇：柯淑卿、林正盛
主演：陳淑芳、張泰、許宗仁、楊靜婷等

春花夢露
年代：一九九六
類型：劇情長片
長度：一一七分鐘
導演：林正盛
編劇：柯淑卿、林正盛
主演：李康生、魏筱卉、陳淑芳等

天馬茶房
年代：一九九九
類型：劇情長片
長度：一〇七分鐘
導演：林正盛
編劇：葉金勝、曾郁雯、柯淑卿
主演：林強、蕭淑慎、陳淑芳等

●與貓、狗、雞一起生活在場景裡

王昀燕：《春花夢露》是林正盛導演的第一部電影，請先談談這部片的創作源起。

陳淑芳：我們要不要從六十分鐘那個短片聊起？

林正盛：當然要從那裡聊起，那個太重要了！一九九四年，我獲得新聞局電影短片徵選，製作費記得是八十四萬，但還是不夠，最後拍到一百二十萬左右，嚴重超支，自己貼錢把它拍完。這就是《春花夢露》的前身，十六毫米短片《傳家寶》。

我本來想拍四十分鐘，最後剪成六十分鐘，結果很悲劇，因為所有大型國際影展短片都規定須在四十分鐘內。威尼斯影展來邀片，問我可不可以剪成四十分鐘。我那時候太性格了，新導演血氣方剛，說不可能，就是六十分鐘。他們表示那沒辦法。

那部片幾乎沒有參加任何影展，我覺得對淑芳姊很不好意思。那時候我要找演員飾演片中的阿嬤，馬上就想到淑芳姊。一個新導演拍一部短片，又沒錢，我一直想該怎麼開口。剛好透過朋友介紹，就厚著臉皮請問淑芳姊，她說酬勞很低沒關係，願意配合。我已經忘了是多少，反正非常低。而且拍片期間我們都睡在台東片場。

陳淑芳：可是我的待遇比較好。

林正盛：你當然要比較好啊，開玩笑！工作人員睡片場，演員當然要好一點。但她看我們這樣很心疼，每天幫我們加菜買東西，那些費用已超過片酬。她真的很照顧我們。

陳淑芳：我記得很清楚，台東關山、池上一帶種很多木瓜，製片開車帶我去找木瓜園。當時已經收成了，可是還有一些小小的、很黃的。我就去問老闆，說我們在拍戲，想吃水果，他就讓我們全部帶回來。我有個花蓮朋友，他兒子三、五天會送來一堆我最喜歡的釋迦。早餐吃水果，中餐、晚餐就大鍋飯，我們一定自己帶碗筷，吃完就晾在大灶上。

我們的刻苦耐勞導演都不知道。比如，吃大鍋飯，菜從哪兒來？農家種的芥菜已經收割拿去賣了，但田裡還沒翻土，頂部會再長出幼苗，我們就去撿來吃。人家會把「菜頭摠」（蘿蔔頂端的一叢菜葉）切掉，我們看那菜頭摠還很漂亮，比較嫩的部分洗一洗、切一切，下鍋炒。

沒有錢啊，導演和老婆鋪草席睡在地板上，水泥地喔，看了很心疼。我們則住在人家家裡，有雙層的床鋪，我覺得好幸福。

王昀燕：《傳家寶》是《春花夢露》故事的雛形？

林正盛：《傳家寶》是《春花夢露》其中一段，講述男子一天到晚不回家，等到他的孩子長大了，男子媽媽中風臥床的情節。全片刻劃一個家庭的日常縮

以新聞局輔導金贊助拍攝的《傳家寶》擷取畫面（國家影視聽中心提供）

影，沒有完整的大故事。拍完這個短片之後，我擴充劇本，申請到輔導金，就拍攝成長片《春花夢露》。

王昀燕：《傳家寶》在台東拍多久？

林正盛：二十天左右，以短片來說算久。

王昀燕：新聞報導《春花夢露》預計拍三個月？

林正盛：差不多。

陳淑芳：《春花夢露》籌拍時，我們在一片荒涼的田地上種菜，到了正式開拍，絲瓜、南瓜都長出來了。

林正盛：我那時候因為剛當導演，想法完全不拘，很多工作人員都快瘋了。我說不要制式的電影場景——準備開拍了，就拿已成熟的高麗菜來種，拍一拍，菜就死掉了；或者是把雞抓來，一放手，現場雞飛狗跳，拍不出生活感。所以農曆年後，我們把場景弄起來，開始種菜、養雞，甚至養到雞生蛋，孵出小雞，一切都在真正的生活裡。貓、狗也直接養在那裡，養乖了，拍戲就很自然。

王昀燕：難怪雞、貓看起來都像是本來就生活在那裡。

陳淑芳：戲中我癱瘓後坐在搖椅上，貓還跳到我身上睡覺。

林正盛：我們鏡頭這樣pan（鏡頭水平移動）的時候，狗正趴著打瞌睡，貓坐在廚罩旁，甚至還會爬上神桌，都很自然。當時一群人在那邊生活了很久，場記葉如芬，兩年前受訪時還提到這件事。

陳淑芳：導演說，那個年代女生不穿胸罩，我真的就沒有穿。

林正盛：以前年紀大的女性是沒有穿胸罩內衣的。

陳淑芳：我們就這樣，每天穿著木屐喀拉喀拉地在那邊生活。

● 為了拍一部電影而推掉兩齣電視劇

王昀燕：導演為什麼第一時間會想找淑芳姊出飾這個角色？

林正盛：我對淑芳姊的印象很單純，就是看了《風櫃來的人》，她飾演鈕承澤的媽媽，那跟孩子之間極為樸素的表演。我想侯導的要求是，不要過度表演。我看到她生氣起來把菜刀丟出去時嚇了一大跳，覺得這個演員厲害喔。當時要找一個阿嬤演員，第一個就想到陳淑芳。

王昀燕：一九九〇年代之後，大概長達二十年台灣電影不景氣。《春花夢露》籌拍當時，淑芳姊的重心應該都在電視劇？

陳淑芳：雖然不景氣，但還是有，只是費用很拮据。

林正盛：那時候拍電影都賺不了什麼錢，要靠拍電視劇賺錢是真的。

王昀燕：據說為了拍《春花夢露》，淑芳姊還推掉了兩齣電視劇？

陳淑芳：有這麼個印象，但什麼電視劇我忘記了。

王昀燕：為什麼會為了拍一部電影去推掉兩齣電視劇？

陳淑芳：因為電影很少。

林正盛：拍電影蠻過癮的吧，淑芳姊應該很清楚。演電視劇的時候，導播要求等一下要哭，演員的眼淚很快就要出來，必須控制好。可是拍電影，最可怕的是，導演會說，像我也跟淑芳姊說過：不要隨便讓眼淚流下來喔。最悲傷的是要哭不哭之間，那挑戰性很高。眼眶紅的、濕了，但是眼淚始終沒有滴下來。

陳淑芳：就跟《孤味》一樣，導演不准眼淚掉下來。

林正盛：這是演電影很過癮的地方，你要能掌握演技的放和收斂。

王昀燕：《春花夢露》是導演的第一部電影長片，那時候你就熟稔掌握角色的情緒了嗎？

林正盛：應該是說，我不敢挑選我沒有能力跟他們溝通的演員。這些演員都有很好的表演基礎，我一講他們就懂，所以拍攝很順利，而不是我厲害。比如，淑芳姊電視劇拍久了，自然而然會去注意鏡頭，本能嘛，已被訓練要知道攝影機在哪裡，才會站在比較好拍的位置。我跟淑芳姊說，你不要管攝影機，你就做你的。她立刻就通了，知道不用像演電視劇一樣，就做我的、演我的。

陳淑芳：導演解說得非常清楚，我們才能領悟得到，不然的話我們怎麼懂？演員再怎麼好，都是要靠導演。導演不好的話，我們怎麼辦？導演跟我們講得很清楚，我們就會比較稱職。

王昀燕：《春花夢露》開拍前，你曾經給主要演員一些功課？

林正盛：記得開拍前，我跟淑芳姊說，你要演一個孤直的老人，以自我價值為中心，年紀大了積習難改，講也講不通，很難相處。拍《傳家寶》時，她跟我們相處得太好了，我很怕拍《春花夢露》也會如此，她太開心了。我跟她說，這次拍片經費比較多，也吃得比較好，你不要管我們，不用煩惱，不用買點心。你就很孤直，都不理我們，盡量在拍戲之前，培養自己的情緒在那個狀態裡面。

劇本裡有一幕久病的阿嬤袒露著上半身的戲，我知道那個很難，開拍之後一直不曉得怎麼跟她開口。有一天，我就跟她說：「淑芳姊，很不好意思，我想拍人生病很久之後衰敗的身體，小孫女幫你洗澡的畫面。人家形容老婦的胸部是『老乳脯』（lāu-ling-póo），小時候我看過我祖母的『老乳脯』。以前台灣女人年紀大了，夏天很熱，穿著很薄的衣服，甚至脫光，坐在那邊揀菜。我想拍那種感覺，不知道行不行？」

淑芳姊說：「可以啊！」她答應得很輕鬆，又大方自然的問：「你要看看嗎？」於是我們進到房間，我一看就說：「算了。」因為她保養得很好，一切都美好如初，我不可能拍那個戲。最後改成身體擦一擦，帶出感覺。不是她不同意拍喔，是沒有辦法拍。如果要拍，現在就可以，因為有電腦動畫，可以修得很好。

很多創作的人，心裡都有一個預設，認為應該如何如何。當時劇本都寫好了，覺得沒問題，可以拍到身體久病衰敗的感覺。可能是我太年輕了，不過三十五、六歲，少不更事。那時候淑芳姊還不到六十歲。事後覺得自己很荒謬，也看到了一個演員的敬業，她二話不說，反正導演說要拍嘛，我們就來看可不可以。

陳淑芳：那是戲，是藝術嘛，也不是床戲。我覺得很美啊。

林正盛：就是一種生命的感覺。那是我真實的經驗，我祖母中風躺在床上七、八年，孫女其實是我啦，後來我祖父會扶著我祖母，我幫她擦身體、洗澡。

陳淑芳：李天祿的大兒子陳錫煌演我老公，他扶著我，孫女幫我擦身體。

林正盛：我要拍的是我童年的心情，國中一年級的孩子，看到祖母衰敗的身體，很早就對生命有一些懵懵懂懂的了解。片中我改成小女孩，她看到阿嬤的身體，後來她月事來了，一個女性對另一個女性的自我投射，傳達出作為一個女人的心情。

● 不惜敲掉三顆牙以詮釋老態

王昀燕：淑芳姊為了演出這個角色，事先做了哪些功課？

陳淑芳：導演說要做功課啊，我就去醫院觀察。這個阿嬤想的都是過去，講的也都是過去，她跟媳婦說：年糕要弄甜一點，你阿嬤喜歡吃甜一點，糖要加多一點。

林正盛：當時我跟她說，說話要「漏風漏風」。她說要把牙齒敲掉，我有點傻眼，愣住了。心想，再怎麼樣也不能把牙齒敲掉啊！

陳淑芳：我在醫院裡，看阿嬤講話、唱日本歌都「漏氣」，那時候是同步收音，要怎麼漏氣呢？我這才把牙齒鋸掉，感覺這樣講台詞時比較到位。

導演說，你自己說要鋸的喔，不是我叫你鋸的。我說，對，是我自己要鋸的。開拍前，我到牙科診所敲掉三顆牙齒，再裝上假牙。因為片中同時有回憶年輕時候的場景，是還有牙齒的。導演還剪掉我的頭髮，剪得亂七八糟。

林正盛：這也是我的經驗，我祖母也是長髮，平時盤起來。後來臥床久了，洗頭髮很麻煩，祖父就把她的頭髮剪掉。家人不會剪頭髮，再怎麼修，都是坑坑巴巴。因此不可能特地找一位美髮師來，反而我來剪最自然，怎麼也剪不好，就像我祖父當初那樣。

陳淑芳：我們是先剪掉，後來才戴假髮。但牙齒不像頭髮會再長，台視製作人罵我：你很三八啊，牙齒弄掉了，不會再長出來！我說，不鋸掉，說話時怎麼會漏風？我當時只想著這樣才會像。雖然之後必須裝假牙，但我覺得是一個紀念，蠻好的。

王昀燕：有沒有後悔過？

陳淑芳：沒有。我覺得很好，至少我做到了。

王昀燕：不會覺得這是犧牲？

陳淑芳：不會啊，覺得自己很敬業。

王昀燕：導演當時應該嚇一跳吧？

林正盛：嚇一跳啊！淑芳姊說她不是犧牲，但我覺得是，因為專業不一定要做到這程度，你願意做到，那就是犧牲。所有美好的事情，或者生命的成就，都來自於願意犧牲。你如果只是把該做的做好，那是一個水平，我們會說你是一個好演員，是一個有專業能力的演員。但你願意在這個水平之上，做一點犧牲，讓那個角色更好，就是很了不起的事。

王昀燕：導演在跟淑芳姊闡述這個角色時，會怎麼溝通？

林正盛：我只跟她講一個生命狀態。在我心裡面，這個角色的原型就是我祖母。我到現在都還有一個想法，純粹拍我祖母生命最後七、八年、躺在床上的狀態。她最後瘦到皮包骨，像骷髏一樣，我們看了都怕，可是她還有生命，還記得最久以前的事情。

我祖母是童養媳，原本是要跟養兄送作堆，但養兄不長進，就把她嫁給我祖父。可是她心裡一直有她養兄。病了之後，把我當成她的養兄，怨嘆他不長進。一開始我不知道她叫的那個名字是誰，後來是我爸爸與祖父告訴我。我想拍一個女人在生命最後的階段，身體裡藏著的青春、藏著的愛情，很迷人。現在可能可以透過電腦後製處理，但以前是不可能的。

陳淑芳：要不要拍？

林正盛：那要很瘦耶！

陳淑芳：沒關係，我可以瘦下來。

林正盛：你要是瘦下來，身體不好怎麼辦？不行不行。

陳淑芳：不會啦，健康歸健康，瘦歸瘦。

林正盛：我們如果做，要找醫生團隊，控制好健康，不然不行。回到《春花夢露》片中的角色，我跟淑芳姊說，她飾演的是一個很傳統、很固執的阿嬤。無關對錯，是她被這樣教養，認為做一個女人就要這樣。

王昀燕：導演是看到祖母，所以對於傳統女性的生命狀態或價值觀很有感嗎？

林正盛：當某個觀念從書本中得來，要批判是很容易的；可是我這個觀念來自於生命裡的親人，對她是有感情的。你隱隱約約覺得有些傳統價值是要被批判的，可是你不忍批判你的親人，因此形成一個更大的張力。

批判很容易，有感情的批判又不一樣，所以你會讓這個角色活過來，她不會變成你的目的、你的工具，為了批判而存在。我想讓這個角色活過來，真真實實的讓觀眾感受到。

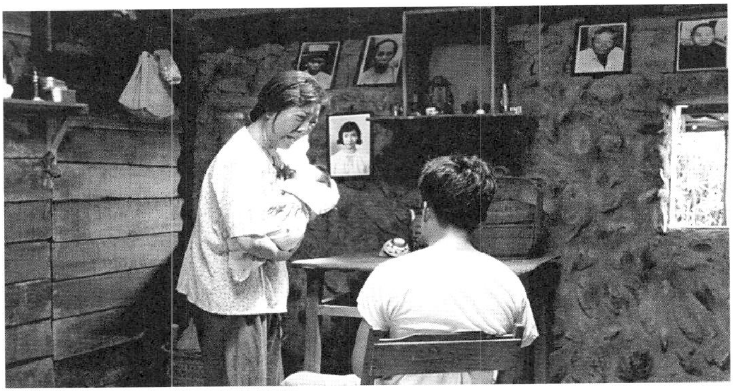

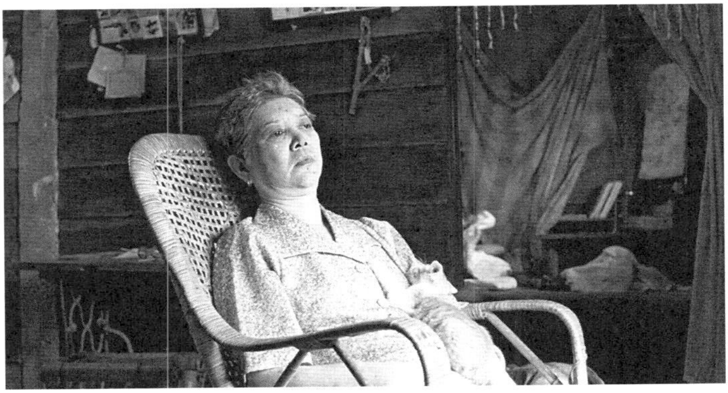

《春花夢露》擷取畫面（國家影視聽中心提供）

經歷國語政策下的荒謬與悲哀

王昀燕：淑芳姊出身優渥，少女時代隻身到蘭陽女中就讀初中，在那年代能念初中的女生是少數。然而之後爸爸過世，淑芳姊獨自扛起一家經濟重擔。後來亦常在戲中詮釋台灣傳統女性，甚至有「國民阿嬤」稱號。這樣的生命經歷，對於詮釋角色有直接的幫助嗎？

陳淑芳：也不是這樣。比如現在演媽媽或阿嬤，又跟以前不一樣，時代不同嘛！有時走在路上，看到值得學習模仿的，就多看幾眼。如果是演鄉巴佬，也是不一樣喔，同樣要多看。當一名演員，隨時都要觀察生活周遭。

王昀燕：雖然一直演出母親角色，但還是要與時俱進。拍攝《春花夢露》時，導演跟淑芳姊會討論台詞嗎？

林正盛：當然會啊！我們這一代，經歷新電影後，台詞常是為了抓住某種味道和意涵，演員要懂得消化，不用一字不漏照唸。像淑芳姊，她的台語比我還好，她會轉化成可以表達感情的、更好的方式。

王昀燕：可以談談在關山拍戲的那三個月的生活嗎？

陳淑芳：整天踩著木屐，上身穿一件麻紗上衣，沒有穿胸罩，下身套裙子或是七分褲——鄉下人穿的那種，是睡褲，也是外出褲。就這樣晃來晃去，澆澆花，看看蔬菜，養雞，養豬，就這樣子。

王昀燕：會困惑導演為什麼要拍這麼久嗎？

陳淑芳：沒有，要拍好一定要這樣子啊。還要學挑擔子，學怎麼走在田埂上。

王昀燕：當時在記者會上，導演幫淑芳姊剪頭髮以符合角色，報導提到淑芳姊激動落淚。記者問，是不是捨不得剪髮？你就說，不是，是想到在台灣拍電影這麼辛苦，還有人要做。

陳淑芳：是真的，拍台灣電影很辛苦。無關政黨與顏色，當時我們演台語片好像很三等。

林正盛：以前真的是。台語沒落就是因為官方推行國語教育，統治者為了鞏固政權，常會做出這些奇怪的事。

陳淑芳：早期我在華視拍了一齣晚間黃金時段的台語電視劇，台視同時段節目是楊麗花歌仔戲，那時候宋楚瑜是新聞局局長，他到華視看我們錄影，今天看完，明天就下令全面說國語。周萬生、金塗這些演員，誰會講國語啊？還把「我們上樓」，講成「我們上ㄌㄠˊ」。

林正盛：我們小時候，平劇又稱為國劇，有一種劇種被定義為國家的戲劇，足以代表國家，其他例如在廟口演的歌仔戲、布袋戲，都是地方戲曲。我們小時候看歌仔戲、布袋戲，被視為是沒什麼水準的。那是很荒謬的。現在已沒有人敢說平劇是國劇，時代慢慢在改變。

我小時候看電視，台語節目只有半個鐘頭，晚餐前後的時段。電視一天播出的時間那麼長，卻只有半小時可以講台語。

陳淑芳：而且不是每天半小時，是一個禮拜一次，還是現場播出。但是我們也演得很好喔。

林正盛：統治者為了鞏固權力，推行國語教育，逼得所有人講國語。小時候在學校不能講台語，會罰錢。甚至還用紅筆在臉上畫一個豬嘴巴。

陳淑芳：如果沒說國語，是要罰錢的，要不就是用藤條打手心，打得紅紅的，回家後還不敢讓大人知道。

林正盛：那時候也不知道生氣。我們被教育得很乖，覺得是自己做錯事了。長大後回想這些事，才生氣，真是莫名奇妙！

我最記得當年讀編導班，看完《戀戀風塵》非常激動、感動，因為整部戲幾乎都說台語。我還打電話給我爸爸，叫他去看。我爸爸是受日本教育的，在國民政府時代，台語片消失後，他就幾乎沒有看電影的經驗了。我在電話中跟他說，攏台語喔，你去看。他很高興去看，看完還很感動地找我說了很久的話。忽然間，我才清楚感受到一個台灣人內在的寂寞是什麼。怎麼會搞到讓一個台灣人沒有自己的語言的電影可以看？我覺得很荒謬。

● 林江邁一角首先就想到陳淑芳

王昀燕：《天馬茶房》的背景是二二八事件，裡頭有本省人、外省人、日本人，多種語言夾雜，反映了當時台灣社會語言使用的情形，跟剛剛談到的狀況是類似的。

林正盛：我拍《天馬茶房》，是想回到那個時代語言自由的狀態，該說國語的、說北京話的、說日本話的、說台語的，都依他們。還有翻譯、通譯。

王昀燕：導演當時怎麼會想拍《天馬茶房》？

林正盛：《天馬茶房》是我第一次拍別人的題材。有一天，青蘋果（現為青睞影視）找我拍一部關於二二八的電影，我也有興趣，可以回頭看那一段歷史。

我看完劇本後，覺得還要調整，他們也同意，就由我的前妻柯淑卿開始修，開拍前我再修一遍。當時我只有一個條件：不要赤裸裸地談政治，不要一定罵誰，批評誰，那是政權交替的時代必然會有的宿命，一定會發生的問題。新的政權不了解這個地方的民情風俗，心生不安，為了統治，就會採取比較激烈的方法，因此產生對抗。我希望在這樣的認知基礎下拍攝。他們同意了。

我不想拍二元對立的電影，這對台灣沒有幫助，一個社會如果長期對立，不會進步。台灣到現在都還有一些問題，極權當然是錯的，但對於那樣的時代悲劇，怎麼找到一個空間，可以互相寬容，給對方台階，讓它過去，然後我們繼續往前走。而不是浪費力氣原地踏步。

當時電影和民視的同名電視劇是同時開拍的。

《天馬茶房》電影劇照（青睞影視製作股份有限公司授權）

王昀燕：這部片怎麼會想再次找淑芳姊合作？

林正盛：她最適合。林江邁這角色我第一個就想到她。那樣舊時代的女性，為了討生活必須販賣私菸，想當然耳她沒有辦法知道其中的對錯，只知道要賣菸、要養兒育女、要把一個家照顧好，還加減幫人做媒，賺點外快。那種感覺她來演最傳神，我們不是要找一個有自覺、會講出一番道理的人，淑芳姊就是這樣。

至於林江邁到底有沒有當媒人，我考據時沒有找到相關資料，可是直覺那個時代做媒是很尋常的，她又是在咖啡廳外賣菸，而早期咖啡廳是相親的地方，因此很自然想到這個情節。

王昀燕：《天馬茶房》拍多久？

林正盛：拍攝時間很短，連換場景，大概十八天吧。很快拍完，我自己都嚇一跳，是怎麼做到的。因為經費很少，為了省錢，用超十六拍，還不是三十五毫米。

陳淑芳：你都去撿到沒錢的。

林正盛：我那時候的製片人是黃志明，預算出來後，我跟他說，不要拍了，錢太少，很難拍。黃志明說，導演，要拍。我問，為什麼？他說，超十六耶！你現在用很少的錢拍一部電影，會是一種典範。拍歷史劇為什麼一定要花那麼多錢？如果你可以用很少的錢拍一部依然動人的歷史劇，那是很重要的。

他一直跟我說不能不拍。好吧，那就來拍吧。除了找演員，服裝也是嚇死人。我們有一個服裝團隊，我們開拍後，他們同步做衣服，蕭淑慎的衣服都是拍攝前一天才做好的，連做舊的時間都沒有，這是《天馬茶房》最大的問題，像時裝秀一樣。我常說，你們在搞時裝秀啊？

最後是除夕當天早上殺青，大家回家過年。

陳淑芳：我有兩齣戲是拍到除夕，都是青睞的，《在室女》（一九八五）也是。

王昀燕：這部片的預算大概多少？

林正盛：大概一千萬，但是有多少細節要處理啊！「天馬茶房」要搭、要陳設，服裝很龐大、很複雜。如果用三十五毫米絕對沒辦法。但還是勇敢拍了，用那麼短的時間拍完。我常說，很像你生了先天不足、後天失調的孩子，那孩子有一些缺點，可是你會特別疼愛他，《天馬茶房》就是我特別疼愛的一部片。很多時候我都是現場讓他們去和、去玩，相互對一對，這樣講那樣講，OK，來。也因此《天馬茶房》的表演更活。

陳淑芳：沒有特別設定要怎麼樣。

林正盛：要呈現很自在的氣氛。誰會知道那個時代應該怎麼樣？我不想刻意經營一個時代感，對白僵硬，講話裝成某種腔調，聽了就怪。除非你很真實感受到那個時代的狀態。

像林強的髮型，我剛開始是想剪掉他的頭髮，後來在蒐集資料的過程中看到好幾張照片，發現那個時代的話劇導演、演員，是走在社會前端的，很時髦耶！那幾張照片拿到現代，造型依然很厲害，也可以是當紅的歌星。後來就決定維持原貌，不動剪刀了。如果費力去做，反而可能很假，刻意模仿一個時代，不見得對。

片中的樂團，我們去哪裡找？我跟黃志明說，你去找一個實在不怎麼樣、可是又有味道的樂團。他找來一個樂團，那一天，他們在舞台上弄，我開始頭皮發麻，真的很low。我就跟陳明章說，這要怎麼搞，你來調一下。陳明章說，就這樣啊，他們本來就不太會。因此我跟樂團說，有一個感覺就好。調整過後，雖然還是亂七八糟，但味道蠻好的，是那個時代可能有的典型樣子，我只能說「可能有」，不會說「一定是」。我當兵前、退伍後去歌廳，舞台上的樂手也差不多是那樣。

王昀燕：導演邀請淑芳姊演出，是馬上就答應了嗎？

陳淑芳：我當然有戲就拍了，賺錢啊，不管賺多賺少。戲也不多。

林正盛：對，戲比較少。但是蠻關鍵的角色，隨便找個人演也不行，要有一定的表演質感。

王昀燕：淑芳姊對於二二八事件還有印象嗎？

陳淑芳：我只記得那時候我爸爸跟二伯還是誰，拿把柴刀，綁得長長的，大家輪流顧庄頭，不要有什麼人進來。當時我才七、八歲，不懂他們在幹嘛。

林正盛：淑芳姊已經七、八歲，有個記憶。我們是後來出生的，成長教育裡沒有二二八，爸爸或阿公在家裡有時候會提到，但學校書本和老師口中沒有，像是從來沒有發生這件事，哪有什麼國民政府鎮壓台灣人民，完全沒有。一直到我出社會，去聽政見發表會，有人提到二二八，才知道那是真的，不是爸爸、阿公亂說——我們以前都覺得大人亂說。

《天馬茶房》其實主要是想談愛情，自由戀愛永遠是一個時代最早改變的東西，我為什麼不能愛一個人？這是很合理的質問。《羅密歐與茱麗葉》也是，我愛一個人有錯嗎？因為他的階級跟我不一樣，我就不能愛他嗎？《天馬茶房》裡，海龍王（龍劭華飾）的女兒暖玉（蕭淑慎飾）愛上唱歌的阿進（林強飾），但海龍王想把女兒嫁給一個醫生，因為做醫生比較有身分地位。我是拿現實和戲劇做類比，藉此去談那個時代。

王昀燕：參與林正盛導演的電影，在表演上比較有啟發的是什麼？

陳淑芳：相較一般的演出，比較舒服，因為導演沒有限制我一定要照本唸，照本唸就綁住了。我覺得自然的表演方式比較好。

王昀燕：比較自由，有發揮的空間，尤其那時候應該很少有機會演電影？

陳淑芳：對，所以你說犧牲幾部電視劇哪有什麼關係？那時候電視劇也不像現在的長壽劇那麼長。

上圖：《天馬茶房》電影劇照（青睞影視製作股份有限公司授權）
下圖：《天馬茶房》電影劇照。左為龍劭華，右是陳淑芳。（青睞影視製作股份有限公司授權）

● 她用專業成就自己的人生

王昀燕：《春花夢露》與《天馬茶房》似乎參加頗多國際影展？

林正盛：我們沒有參加那麼多啦。很多影展都有放映，但我們人沒去。

陳淑芳：人去只有兩次，一次日本，一次美國。

王昀燕：淑芳姊第一次參加國際影展是什麼時候？

陳淑芳：就是導演的。那時真是不得了，出國參加影展耶，很光榮。

林正盛：我第一部片參加影展時，壓力很大。《春花夢露》入選坎城影展「國際影評人週」單元，那次演員沒去，我心想就去觀摩，也沒競賽，沒什麼壓力，卻忽然聽說可能會得一個獎。記者開始追問，我說我真的不知道。傳聞會得獎，如果最後落空，不是很丟臉嗎？搞得我壓力很大。後來真的得了坎城影展「基督人文精神獎」，往常得獎的都是競賽片，那一年不知道為什麼，《春花夢露》跟一部英國的競賽片同時得獎。

領獎時，當時《中國時報》影劇版記者陳寶旭問我，得獎了怎麼樣？我說，終於有交代了。她後來在新聞上寫：台灣導演好辛苦喔！出國參加影展還要有交代。

王昀燕：那時候很多人大概覺得台灣電影不賣座，至少要得獎。

林正盛：如果沒有得獎，回去好像很丟臉。《春花夢露》去東京的時候，擺明參加競賽，之前很多片都得獎，評審團主席又是侯孝賢，如果我沒有得獎怎麼辦？當時侯導看完片子，在大廳看到我，像叫小弟一樣把我叫去，說：你拍《春花夢露》幹嘛？念真都拍《多桑》（一九九四）了。我不知怎麼回應，只好恬恬（tiām-tiām，安靜）。我心想，糟了，評審團主席不喜歡你的電影，你怎麼會得獎，結果是第二名（東京影展「青年導演單元銀櫻花獎」）。

陳淑芳：我記得那天晚上似乎是藍祖蔚來跟我說，你們會得獎喔！我說，可能嗎？第二天一早，我不曉得要怎麼回應記者的追問，就搭火車到很遠的地方吃日本豆腐，很好吃。等我們回來的時候，已經快頒獎了，我們很緊張。

王昀燕：那時候大家很在乎得獎與否？

陳淑芳：當然在乎！

林正盛：很在乎！比現在更在乎，因為當時是新導演。我現在不怎麼在乎，因為不需要了，有得獎很高興，沒得獎也沒什麼。可是那時候多需要啊！一得獎，後面的路就順了。而且我那時候沒什麼錢，獎金將近三百萬，非常高，讓我的生活可以安定下來。那時領了獎金之後，發紅包給工作人員，大概發了五、六十萬。

《天馬茶房》則是曾到舊金山宣傳，因為被送去參加奧斯卡最佳外語片。那一趟旅程蠻開心的，淑芳姊的朋友還帶我們去賭城。

王昀燕：在導演眼中，淑芳姊是一個怎麼樣的女性？

林正盛：我對她一開始的印象是《風櫃來的人》裡面那個角色，也隱約知道她的故事。那時候她經歷一段挫敗的婚姻，從澳洲回到台灣，侯導叫她去演戲。侯導一句話：「不用想那麼多，來演戲就好了！」就把她帶出來了。

陳淑芳：離婚對女人來說是多丟臉？侯導說：不要緊，出來，再來演！

林正盛：侯導對她有幫助，但也是她有聽進去。那時代的女性有這份勇氣再走出來，用專業，在工作上、在生活上成就她自己的人生，我覺得很勇敢。這是我找她演出之前的印象，合作之後果然是這樣。作為一個女人，她不會怨嘆，不會活在過去的悲愁裡，她一路走，也就這麼走過來了。這是傳統女人很不容易的。

林正盛

導演、編劇。

一九五九年出生於台東鹿野。國中畢業後，擔任十餘年麵包師傅。後進入文建會編導班，三十七歲拍攝第一部劇情片《春花夢露》。之後陸續編導劇情片《美麗在唱歌》、《放浪》、《天馬茶房》、《愛你愛我》、《魯賓遜漂流記》、《月光下我記得》與《世界第一麥方》等；紀錄片《一閃一閃亮晶晶》、《地球迷航》等。曾獲柏林影展銀熊獎最佳導演、金馬獎最佳改編劇本、亞太影展最佳編劇、日本東京影展青年導演銀櫻花獎、法國坎城影展金棕櫚樹獎等。

著有《未來一直一直來》、《青春正盛》、《轉彎的人生更美麗》等。

她活得很真、很美，而且永遠覺得要不斷學習

鄭有傑 導演 × 陳淑芳 演員 × 莫子儀 演員

時間：二〇二三年一月十四日
地點：青田茶館 台北

親愛的房客
年代：二〇二〇
類型：劇情長片
長度：一〇六分鐘
導演：鄭有傑
編劇：鄭有傑
主演：莫子儀、陳淑芳、白潤音等

● 透過作品，可以感受到她所散發出來的意念

王昀燕：先請導演談一談，在尋覓演員時會評估哪些條件？

鄭有傑：我其實都是靠直覺，最重要就是我從這個人身上感受到的「意念」，這東西跟我劇本裡那個角色是不是可以協調的。

王昀燕：《親愛的房客》裡周秀玉和林健一這兩個角色，你在寫劇本階段就已經設想好人選？

鄭有傑：對，劇本寫到某一階段時開始浮現演員人選。

王昀燕：他們兩位的形象浮現出來是什麼樣子？

鄭有傑：就像電影最後的那個樣子。淑芳阿姨有一個威嚴，她嘴巴可能很硬，但是心裡面很軟。而周秀玉那個角色是有一股氣場，強大到可以hold住一個家，出發點是因為愛。林健一這個角色也是，他的出發點是愛，但他有很多沒

辦法跟人解釋的事情，所以只能默默承受，只能靠著他的行為去傳達、去證明，我覺得我認識的莫子儀也是有很多東西不是用嘴巴說出來的。

那些沒說出來的、沒演出來的，那些看不到的、無以言喻的意念都很重要。這些意念有時是演員身上本來就有的，不是可以靠演技演出來的。那是他所以是他的東西。就像我看著一個人，不會只看到外表，而是透過他的眼神、行為、言談舉止，看到他的心。最重要的還是那個心，這個演員有沒有符合、有沒有辦法去承載這個角色的那一顆心、那個意念。淑芳阿姨和莫子儀都是可以承載那個角色意念的演員。

王昀燕：這是你第一次跟淑芳阿姨合作，在這之前，對她的印象和認識來自於何處？

鄭有傑：我完全不認識本人，都是看她演過的作品。我相信我從作品裡面看到的、感受到的一個人的意念。淑芳阿姨的作品，從早期侯導《風櫃來的人》、楊德昌《青梅竹馬》到林正盛的《天馬茶房》都看過。後來有再看《孤味》短片版，那也是最接近拍《親愛的房客》那個時候的淑芳阿姨。從《風櫃來的人》到《孤味》短片版，她所散發出來的、表現出來的意念，跟《親愛的房客》片中的角色能夠符合。我一直重複講「意念」這個詞，你可以說它是靈魂，可以說它是心，但我想要說的就是讓這個人之所以是這個人的「本質」。我透過作品可以感受到，第一次見面就蠻確定。

王昀燕：曾經看過她的電視劇演出嗎？

鄭有傑：電視劇老實說比較沒有。

王昀燕：小莫也是第一次跟她合作，請談談之前對她的認識。

莫子儀：也是從經典電影。在正式跟阿姨碰面，或者參與這個製作之前，我就知道要跟一位很資深、很厲害的前輩一起工作。但我們真的進到劇組之後，不會再抱著這樣的心態，因為會影響到表演。進到劇組之後，我第一次認識了淑芳阿姨這個演員，跟她相處，一起建立角色，這個過程更重要於我先前對她的認識。

王昀燕：導演當時怎麼跟她討論這個角色？

鄭有傑：第一次見面就是討論劇本、討論角色，我記得淑芳阿姨在看劇本時的一些眼神，然後她跟我說：這我知道。她不是直接說那個角色的心境跟狀態，但她說她知道這是怎麼一回事。她也提到她是瑞芳人，她的成長。其實就是聊一聊，言談之間我已經很確定這個角色交給她會非常好看，很多東西都是直覺，我很難以言語陳述細節。

王昀燕：阿姨還記得第一次看到劇本、導演第一次跟你談這個角色的心情或想法嗎？

陳淑芳：我很害怕。第一，導演這麼年輕，我打聽之下，知道導演前面的作品都好棒。我問小莫是誰？原來他演了很多舞台劇。

戲中男主角名叫「健一」，我從十幾歲到現在，心裡一直有健一這個名字，所以一時不曉得該怎麼演。後來看完劇本，很吸引我。但一開始真的很害怕，一個這麼優秀的導演，一個這麼優秀的男主角，我跟他配戲配得來嗎？但是已經接了，怕歸怕，還是要認真的演。

不管是電影還是電視，從出道到現在，我一直沒有想到參賽，只希望能有機會讓大家看到我的演出就好了。我常提到崔小萍老師教給我的——忘了自我，我覺得我應該是做到了。我先到醫院看有沒有跟這個角色相像的病人，還請教醫師，這個病人什麼時候回診，我想偷偷觀察他，所以戲中妝才會化得那麼浮腫。

跟年輕導演、跟不曾一起拍戲的人初次合作我覺得很棒，大家都很自然。當然最主要是靠劇本，再來是導演，攝影跟燈光也是一定要的，再加上對手戲演員，你要丟球給他，他會接，他丟過來我們也會接，這樣才會冒出火花，才會好看，我是這麼覺得。

王昀燕：這個劇本吸引你的是什麼？是角色嗎？還是故事？

陳淑芳：整個故事。

王昀燕：小莫提到，對你來說重要的是跟阿姨一起建立角色的過程，可以聊聊這個過程嗎？

莫子儀：我覺得演員跟演員之間有一些交流和情感是很特別的，有時候不是透過語言或討論，而是一些細節。可能是正式拍攝前，還是在片場準備時，透過很細微的一舉一動，我們都能覺察對方現在在什麼狀態，然後我們互相釋放了一些訊息，這些訊息我覺得是身為演員能夠感受得到的。

譬如，有時候淑芳阿姨只是問我：你中午吃飯了沒？只是很簡單的問候，但你可以從中感受到她這個演員跟她現在承載的角色，情感正在跟我交流。透過這些細微之處，你可以慢慢的跟這個演員形成一個默契，或者達到共同的頻率，我相信這些過程是一個有很深厚經歷的演員才能夠擁有的。我覺得很幸運，可以從淑芳阿姨身上感受到這個，所以很多時候知道自己不用擔心，可以放心。

有時候真的是很簡單的。譬如準備開始下一場戲時，比較粗糙一點的方式是，演員可能會說：「等一下我會怎樣，你先怎樣……」用言語指示。但是真的達到某種默契的時候，這些溝通過程幾乎是不需要的，因為當我們去扮演這個角色，全身細胞都承載角色的情感。

跟淑芳阿姨對戲的時候，你會發現她在關注著你的一舉一動，同時你也在接收著她的一舉一動，這些互動就是表演的過程。在正式拍攝前，我已經從淑芳阿姨身上感覺到這個東西，我就知道沒有問題。

在劇組氛圍下，會很專注地做好該做的事

王昀燕：這部片拍了多久？

鄭有傑：在基隆差不多拍了二十幾天。

陳淑芳：我好喜歡那山上的山嵐，好漂亮。

王昀燕：拍攝現場相處的狀況如何？

陳淑芳：像一家人啊。

鄭有傑：沒有什麼特別，但還蠻自在的。沒那麼特別是因為不需要特別做什麼，所以就蠻自在的。我覺得那就是一種信任，大家各自把工作做好。我不是那種收工後要請大家去吃飯的導演，因為我知道收工後大家想趕快休息。現場氛圍就是不需要客套，你如果想要休息、想要專注，你就休息、就專注。我有特別跟工作人員說，不用一直去跟演員講話。可能在某些片場，休息時如果沒

跟人聊天，好像很擺架子，演員就會費心思做好人際交往，在我的片場比較不需要。

莫子儀：導演真的營造出劇組的氛圍。

王昀燕：跟其他劇組不太一樣？

莫子儀：不太一樣，這跟每一個導演的風格有關。我覺得一個演員到劇組工作，很重要的是可以放鬆在表演上，而這來自於某一種安全感和信任。譬如在《親愛的房客》的拍攝環境，可以感覺到有傑導演不是擺架子、焦慮，或者盯東盯西，而是以身作則的思考，我們今天可以怎麼最有效率地完成工作，以及怎麼讓大家都專注於工作。他會站在不同角度為他人設想，而不是訂立一套規則。

這兩種做法本質上有很大差別。在這種劇組氛圍下，你就會自然而然的，很專注地做好該做的事，因為會感覺到其他人也都是自動自發的。我們一起在這

《親愛的房客》電影劇照（一期一會影像製作有限公司授權）

個團隊裡好好地完成今天的工作，而不是趕進度、監督其他人的錯誤，或者擔心自己做不好。我覺得這來自於有傑導演對創作的一個很純粹的念頭，他也清楚自己有責任，時時刻刻幫助每一個人，一起去做好我們要做的事。所以整個劇組氣氛的營造跟有傑導演有很大的關係。

王昀燕：阿姨看完劇本後，有哪幾場戲特別打動你嗎？

陳淑芳：我覺得場場都是啊。

王昀燕：你自己演出的那幾場戲呢？

陳淑芳：戲中角色的兒子跟朋友出遊意外去世，後來又得知兒子跟他是男男戀。我兒子不在了，這麼多年來他服侍我，照顧小孩，有些話我一定要問問他。我記得台詞是，我逼我兒子結婚生子，但是我不知道他有沒有幸福、滿足。你跟我兒子在一起，你應該叫我一聲媽。當時情緒像是崩潰了，我哭得要死，一直等，導演都不喊卡，結果外面就傳來說導演哭了。

王昀燕：那場戲的台詞是導演原本就寫好的嗎？

鄭有傑：大部分是按照劇本，但現場他們有一些即興。

王昀燕：聽說演這場戲的時候，小莫哭到不能自已？

陳淑芳：大家都哭了。我記得喊卡很久導演才出現，他一進到房間，就趴在床鋪邊，說我好感謝你們兩個演得這麼好。我覺得那是劇中應該有的情緒。沒想到影響到那麼多人，大家都哭了。

王昀燕：這場戲拍了幾個take？

鄭有傑：拍了蠻多個take，因為會換角度，對演員來說蠻折磨的，因為每換一個角度就從頭再演一次，所以演了大概五、六次。我在拍的時候就知道這場一定很難剪，劇本寫的戲很長，演完長達五分鐘，但最後應該剪成不到三分鐘。

王昀燕：原本拍得更長？

鄭有傑：因為現場演出是一回事，剪接時又是另一回事。剪接時需要考量整部戲的節奏，不能只顧一場戲，所以剪接過程還蠻痛苦的，剪那一場戲的痛苦程度應該不亞於你們落淚。

王昀燕：現場有幾機？

鄭有傑：我們這一部是單機，而且劇組工作人員比較少，差不多三十幾人。現在台灣電影劇組一般大概四、五十個人，比較大的甚至有一百個。我自己比較喜歡精簡一點。

王昀燕：是因為單機拍攝，才要多拍幾次？

鄭有傑：是因為單機拍攝，所以每換一個鏡位就要再演一次，再來是我們的拍法很手工業，最重要的是人的真實情感，而不是大場面或講究漂亮的影音效果，所以沒有搭景，幾乎都是實景拍攝。那個屋子真的就是那麼小，所以我希望人少一點，大家都很清楚自己的工作範圍是什麼，需要幫助時可以互相支援。倘若是雙機，攝影組至少要一點五倍的人力，然後多一台機器、器材箱等等，會讓現場變得更擁擠。

有時候我希望盡量簡便，把我們要的東西、我們有的東西拍好，好好發揮出來就好。也因為這樣，每一個角色都要找到最適合的演員。至於工作人員，大部分都合作過很多次了。大家有一定默契，很多事情就可以順暢的進行。

王昀燕：這場戲特別難剪的原因是什麼？

鄭有傑：它情緒很重，而且都演得很好。我覺得演得很好的戲最難割捨、最難剪，戲最重要的還是觀眾要有感覺，如果演員演得很有感覺，導演拍得很有感覺，可是觀眾看了沒感覺，那就一點意義都沒了。我們是要感動觀眾，而不是感動自己而已。所以在剪接的過程，我要思考怎麼讓這場戲很精準地鑲嵌在這個故事裡，要讓觀眾看到這裡，打到該打到的地方，做到該做到的情緒，然後往下走，所以剪接過程其實非常絞盡腦汁。

其實這場戲，小莫看了某場試映之後，跟我說有一顆鏡頭的情緒不太連戲，好像跳了幾秒鐘。我第一個反應是：哎呀！我都已經剪成這樣，你竟然跟我說不連戲。剪太久了，有時候反而會忽略掉或者就此放過。我以為已經山窮水盡了，但是當他這樣說，我又回去看，想辦法找出可以讓戲連貫的一個take。一般觀眾可能不會有感覺，可見他很用心在看，不是自我滿足而已。

我後來重新找出一個好的take，做了新的拷貝，說起來好像很容易，但一做就是好幾萬塊，不過我覺得這是值得的。我很感謝他毫不猶豫地跟我反應，通常演員不太會跟導演說這個，我相信他也有所顧忌，但他提出來了。

莫子儀：那也是因為我跟有傑導演已經有很深厚的情誼和默契，所以我知道可以不用顧忌，他會做出最好的判斷，我只需要把看到的疑惑提出來，不用擔心他會不會因此困擾。

演得再好，也不是演員一個人的成就

王昀燕：導演提過，每一天到了拍攝現場，劇本可能還會有些微調，請談談大概怎麼調整？

鄭有傑：拍電影是活的，不是死的，不是我們用了一個劇本，就一頁一頁照著劇本拍。一邊拍，角色就會長血長肉，他會活起來，所以一定跟原來憑空想像的東西有很多落差。比如昨天拍了什麼，今天到現場回想，發現那個角色有些東西好像可以不一樣，有些話他不會這樣講，或者有什麼更重要的東西，應該在這一場說出來。

如果是早上十點的通告，我可能會差不多九點先到主場景。這是我最喜歡的一段時光，在其他工作人員還沒有來的時候，先在主場景喝一杯咖啡，然後打開筆電，看看今天要拍的戲，稍微感受一下空間，想像一下走位，做一些調整。在工作人員到來的前一刻，我正好修好，等工作人員一到，請他們幫忙列印出來，所以到現場他們會拿到一份最新修正的劇本。

陳淑芳：好用心喔。

鄭有傑：其實我也知道演員並不見得喜歡這樣一天到晚拿到改過的東西，畢竟都做好準備了，所以如果演員看了覺得不好的話，還是會討論。

王昀燕：阿姨對於台詞會有自己的想法嗎？

陳淑芳：不改，一定是忠於劇本，忠於導演。

鄭有傑：台語我沒有那麼強，很多生活化的台詞還是要靠阿姨。

陳淑芳：台語沒有人指導，年輕人都生活語言嘛，國、台語參雜著講。不過導演的劇本不用改，很好。

王昀燕：劇本上這些台詞是國語嗎？

鄭有傑：大部分是國語，但是阿姨會改成比較自然的台語。

陳淑芳：講得比較順口，要一般人都聽得懂才行。

鄭有傑：劇本是國語的敘事邏輯，阿姨會自動翻譯，但她沒有更動意念。角色講出某句台詞，一定是心裡有一些潛台詞才會這麼講，阿姨不會去改那個潛台詞，但是會用比較生活化、比較好聽而且讓人有感覺的台語來講。

王昀燕：拍電影時，阿姨通常都是怎麼準備台語的？

陳淑芳：劇本一來，我會先從頭到尾看一遍，如果有必須要講台語的，怕忘記，我會先註記起來。然後把自己的台詞翻譯出來，如果台語不會寫就注音，這樣講出來就很順。

王昀燕：在準備周秀玉這個母親角色的時候，有比較困難的地方嗎？

陳淑芳：每個角色都很困難。人生百百種，我們不知道哪一種適合自己，但你拿到一個角色，必須去揣摩。比如一個很富裕高尚的媽媽，頭就需要抬高一點；如果是生病的，病又分好多種，也要去觀察。像我這個角色就是腳即將鋸掉了，就要去看病人怎麼走路。要演就得好好演，不懂要問，要去揣摩。

王昀燕：導演曾說希望這部片整體呈現出來的感覺不要太用力，這會影響你對演員表演的期待嗎？

鄭有傑：其實都一樣的，我所謂的不要太用力，也包含「不要太用力去不要太用力」。我的意思就是：我試著去做比現在的我還要好一點的我，而不是去做別人。我再怎麼樣也不可能成為李安，不可能成為楊德昌，不可能成為魏德聖，唯一有可能是成為好一點的鄭有傑，所以我只要掌握好自己會做的東西，做得比現在更好就好。所謂的不要太用力，不代表不求突破，而是知道我要突破的只是現在的我而已。

王昀燕：導演在現場拍攝會調整淑芳阿姨或是小莫的表演嗎？會怎麼溝通？

鄭有傑：每次都不一樣，沒有一套屬於我的ＳＯＰ，基本上都是視現場狀況見招拆招。如果覺得大家現在好像有點太用力了，或是演得太激動了，我可能會稍微緩一下，然後再來一次，但不會特地跟他們說不要太用力或怎麼樣，而是用另外一種方式，好比我們節奏慢一點，然後在中間加一個不那麼重要的事情。或者看他們表演時好像一直卡在某一個走位，就試著把那個走位去掉，不要為了服務劇本裡的那個走位，把戲都卡住了。

都是做這種微調。都是嘗試啊，現場拍到的東西到後來還是要剪接，所以現場會盡量多做一些嘗試。我也會允許自己去做很可能會失敗的嘗試，反正做不好還可以剪接。所以對我來說不是只靠現場拍攝就完成了一切，電影有很多的過程，劇本、現場、剪接甚至混音、調光，都是創作的一部分，所以有很多東西我會盡量給空間，盡量試試看不一樣的，嘗試沒成功也沒關係。

王昀燕：作為演員，會希望導演適時地給予提示嗎？例如方向或是知道可以再怎麼變化？

莫子儀：因為每個導演習慣的工作方式不太一樣，就演員來說，我們要知道這個導演習慣怎麼樣的工作模式，我們要怎麼執行，這件事情我覺得還蠻重要的。因為創作這條路沒有一個絕對的標準，也比較沒有絕對的對錯。譬如有些人可能覺得演員一定要把劇本從頭到尾每一個字都記得一清二楚，這樣子才是對的；但有些導演會覺得你只是記住台詞表面的語句，並沒有傳達出這個角色真正的內涵。

就我而言，在跟不同導演工作的時候，最重要的是要先把自己退回到最初，你是一個演員，演員最主要就是可以跟導演一起創作，或者說去呼應導演的期待、導演對角色與表演的要求。所以雙方之間的信任很重要，如果你不信任導演，也不信任自己，結果一定會有很多狀況和問題。

在表演的當下，你自己看不到，所以一定要相信導演給你的指示和判斷，因為這個作品最終不是屬於演員一個人的，它是很多人一起共同完成的，演員只是其中一部分。就算我今天演得再好，我覺得那也不是演員一個人的成就。對我來說，作為演員最重要的，就是我們一起努力去完成一個最終目標，成就這個作品，而不是去彰顯我的表演能力。

●看得到、聽得到的東西以外的，才最感動人

王昀燕：導演有沒有給阿姨一些提示，對演出是有幫助的？

陳淑芳：太多了。我經常說演員得獎，那是經過導演、經過攝影、經過剪接，經過各個環節，所以不能歸功於自己，應該歸功於大家。有時候我會想，要不就這樣吧，入圍的這些人，比如說五個人入圍，五個人五個題目，就來個五分鐘即席表演，沒有剪接過的。

鄭有傑：哈哈，好像綜藝節目，會提高收視率。

王昀燕：導演曾經提過不管是攝影、剪輯或美術，在技術上可能都要退後一

步，給每個演員留些空間，能否解釋一下？

鄭有傑：例如有時候我們會在一些電影裡，感受到某個技術人員或演員太過強烈的企圖心，只希望「我」被看到，卻沒有顧及整體，那個「我」太強烈了。

我覺得很重要的是，剛剛小莫已經說了，不是為導演服務，不是為誰服務，而是我們都在服務這部電影。例如我會覺得要以戲為優先，攝影師、美術也都很清楚，所以我在拍的時候盡量不要太用構圖去限制演員，而是讓技術去配合演員，包含攝影、美術、燈光，讓演員在表演的時候是自然的、舒服的。當然很多專業演員是就算給他很多限制，他還是可以做到，但是我覺得如果拍片時可以自然一點的話會比較舒服，大家在舒服的狀態會出現更好的東西。

所謂退一步，並不是要去壓抑這些技術組，反而是因為我信任這些技術的主創，知道他的能力、美學，我相信他們即便退一步也不會損及他們的美。有的時候則是沒辦法，技術上真的需要演員來配合。

《親愛的房客》電影劇照（一期一會影像製作有限公司授權）

我好像不停地在講「意念」。我愈來愈覺得電影或是創作最重要的是意念，而不是我多會導，我多會演，我多會拍。即便你是第一次拍電影的學生，即便你找的是素人演員，即便你只是用一台手機去拍，背後感動人的東西是什麼？其實是一個意念，那個意念可能是從寫劇本的時候就產生了，或者是在我們工作的時候產生的。

什麼是意念？有人說是誠意，有人說是心，那是很難言語的東西。從劇本階段到拍攝過程，我會一直審視這意念在不在，並且審視自己會不會太過於想要花招。做配樂時也是如此，做出來的音樂如果跟這部電影的意念不相通，做得再漂亮也沒有用。

王昀燕：阿姨拍片拍了數十年，覺得比較舒服的演戲狀態是怎麼樣？比如會希望導演給演員多一點空間嗎？

陳淑芳：我希望導演不管什麼時候，覺得不好，就要趕快說。

鄭有傑：每個導演有各自做事的方式，沒有所謂對錯，像我個人不太喜歡透過對講機去跟演員指示，我比較喜歡離演員近一點，除非距離很遠，一定要用對講機。有時候跟演員講話，不只是那一句話，而是那個眼神；甚至不一定要講話，而只是確認一下他的狀況。

王昀燕：演員也會因此感覺到安心。

鄭有傑：很多東西不是表面上看得到的。對我來說，比較重要的是看得到、聽得到、摸得到的東西以外的那個東西，才是最感動人、最重要的。

● 怎樣才算是一個好演員，不應該是一個問題

王昀燕：淑芳阿姨有很豐富的電視演出經驗，小莫則是演出很多舞台劇，在不同的媒體上，表演方法有什麼不一樣？

陳淑芳：電影很自然、很生活化，電視比較不是，電視有時候為了鏡頭好看，你非得要對著鏡頭講話。比如我明明應該側著臉對你講話，但鏡頭在另一邊，我就必須調整一下。

王昀燕：林正盛導演提過，電視劇演員常會很自然地去看攝影機在哪裡。

陳淑芳：對，這樣我會很不自在，我不喜歡這樣子，側臉就側臉。所以我不喜歡去看回放，有些人看了之後，發現自己七分臉怎麼變成五分臉，就會下意識調整一下。

鄭有傑：我後來也覺得最好不要看回放，因為看了，你只會很在意自己好不好看，雙下巴有沒有跑出來。

陳淑芳：我六十幾年看了兩次鏡頭回放，兩次都「出事」。有一部是學生製片，最後一個晚上殺青戲。導演說，阿姨你舞跳得很好，趕快來看。我看了，跟導演說我要上訴，這個「三角形」（劇本中用以描述場景、畫面、動作的符號）沒有拍到。因為戲中我早上出門時跟先生說要去菜市場，還上美容院打扮，所以最後跳舞的時候，應該要把這個頭髮很漂亮地呈現出來，不是為了我的臉，是為了頭髮。

另外一次是拍《孤味》。當天拍到晚上，天氣很冷，工作人員很關心我，拿了一個暖暖包放在我身上。拍到一半，我自己知道暖暖包掉下來，可是一片黑嘛，沒有人看到，導演、收音、攝影師也都沒發現。拍完之後，導演說要收工，我說不行啊，他問為什麼，我說你看回放，一定有一塊白白的掉下來。他說沒有，誰來看都看不到。但我還是要求了，說我們再拍一條好不好，如果原來那一條真的沒有掉下來，你兩條可以選一條。那如果真的拍到暖暖包掉下來，我們大隊人馬都回台北了，就不致於為了這個鏡頭，還要重新租場地、雇臨時演員，很多事情。

我看了兩次回放，兩次都有狀況，所以後來就不看了。

王昀燕：不看反而比較自然？

陳淑芳：對自己要有信心，導演說卡，好就好了，導演最大。

鄭有傑：我覺得看不看回放沒有標準答案。如果是技術上的考量，看了才知道怎麼樣能夠做到，這時就需要看。需要的話，我會請演員來看。

莫子儀：我的習慣是不太看，但我覺得因演員而異，因為有些演員對鏡頭的size或運鏡不是這麼熟悉，多看可能有幫助。不過一旦看了，接下來的表演比較容易受影響，會覺得自己這個節奏不好，那個對白講得不順，某個角度不好看，當你想要把自覺好的東西都做完，那個表演就會很奇怪。

以我自己為例，開拍第一天、第二天可能會去看一下回放，但我不是在看表演，而是看燈、看色調、看運鏡的情感，因為有一些比較細微的東西跟表演有關，你就會知道可以怎麼調整。

回歸到表演，重點還是你跟對手演員的關係、你最自然的反應，如果為了鏡頭的美觀或者什麼，而去影響表演，我覺得好像不是這麼好。

王昀燕：阿姨覺得要做到怎麼樣，才算是一個好的演員？

陳淑芳：什麼是好的演員我不知道。還沒有人跟我說我做到了。我自己的標準很難達到，所以一定要好好再學啊。

鄭有傑：對我來說，可以感動到別人，就是好的演員。

莫子儀：我覺得這不應該是一個問題。譬如問怎麼樣算是一個好人，要這麼回答？你的好跟我的好定義不一樣，這沒有對錯，所以這個問題不好回答。演員其實就是一個職業，我們會區分什麼是A等的鑽石、什麼是C等的鑽石，因為有一個評判的標準；但從另一個角度來看，這個C等反而可能成為A等。尤其我們從事的是藝術創作，本來就很難有一個絕對的評判標準。

我之前也跟一些年輕的演員朋友聊過，我們可能會有一個認知，想要當一個好演員，一個專業的演員，如果把「何謂好演員」視為一個問題，有的導演覺得你每天把劇本背好就是好演員，但是有些導演會覺得你不要去背劇本，好演員不背劇本的。或者，有些導演覺得好的演員是他每一次表演都一模一樣，有些導演卻覺得好演員是他每一次都不一樣。

所以我會跟這些年輕表演者說，你應該想的是，你希望成為一個什麼樣的演員？就你自己的認知，不是為了呼應他人的期待。要去問什麼樣的表演是你喜歡的，你被什麼樣的表演和作品感動過，你想成為一個什麼樣的演員。一個專業的演員嗎？可以為表演付出所有的演員嗎？賺很多錢的演員？或者可以成為大明星的演員？這些都沒有對錯，取決於每一個人自己的中心價值，選擇你想走的道路。

王昀燕：阿姨想要成為一個什麼樣的演員？

陳淑芳：太難太難了。

莫子儀：淑芳阿姨最讓我佩服的就是，她永遠都覺得要不斷的學習，永遠都有進步的空間，這是我從阿姨身上學到演員的價值。所以我覺得這個問題不應該是一個問題，但是它可以讓我們每一個人去思考這個問題對自己的意義。

王昀燕：你們最欣賞彼此的特質是什麼？

陳淑芳：導演趕快寫劇本，劇本一定要有我的角色。

鄭有傑：當著阿姨的面說真不好意思。我們表面上看到阿姨很活潑，對人很好，但她不會讓人覺得是很刻意在做這些，這一點很不簡單。她一直就是這樣的演員，不管有沒有獲獎，她能夠以六十年如一日的姿態走到這裡，我覺得非常不容易。而且她不會刻意表現出她有多不容易。

對我來說，她活得很美，不管她的生活或是她的工作方式，很多東西超出我的理解。

王昀燕：是跟她近距離接觸之後才有這樣的認識嗎？

鄭有傑：感受啦。我們不知道她的人生，她說出來的可能只是小小的一部分，冰山一角，但是那背後，以及她在銀幕上表現出來的、留在那麼多作品裡的那個她，我覺得那是很真、很美的。

鄭有傑

導演、編劇、演員。
一九七七年出生，台灣大學經濟系畢業。
大學時期拍攝短片《私顏》、《石碇的夏天》，《石》片獲金馬獎最佳短片。退伍後開始編導電影長片，作品包括《一年之初》、《陽陽》、《10+10之潛規則》、《太陽的孩子》（與勒嘎舒米共同編導）、《親愛的房客》等。同時編導電視劇，包括《他們在畢業的前一天爆炸》（一、二）、《野蓮香》等。並參與演出電視劇《波麗士大人》等。
曾獲台北電影節百萬首獎、金馬獎年度傑出電影、金鐘獎迷你劇集電視電影獎、導演獎、編劇獎。譯有《横山家之味》。

莫子儀

演員、編劇。
一九八一年出生，台北藝術大學戲劇系畢業。
作品横跨多種領域，曾演出電影《一年之初》、《最遙遠的距離》、《一席之地》、《夢幻部落》、《親愛的房客》、《該死的阿修羅》等；電視劇《寒夜序曲》、《罪美麗》、《台北歌手》等；電視電影《濁水溪的契約》、《瓦旦的酒瓶》、《艾草》等；舞台劇《百年孤寂》、《孽子》、《如夢之夢》等。

專心演戲就是我的孤味

許承傑 導演 × 陳淑芳 演員

時間：二〇二一年二月十一日
地點：金屋藏膠　台北

孤味
年代：二〇一七
類型：短片
長度：三〇分鐘
導演：許承傑
編劇：許承傑
主演：陳淑芳、方文琳、王真琳等

孤味
年代：二〇二〇
類型：劇情長片
長度：一二三分鐘
導演：許承傑
編劇：黃怡玫、許承傑
主演：陳淑芳、謝盈萱、徐若瑄、孫可芳、丁寧、陳妍霏等

● 阿姨個性與《孤味》阿嬤完全不一樣

王昀燕：《孤味》是取材自導演的家族故事，為什麼外婆的故事會啟發創作？

許承傑：我外公很早就離家，記憶裡，外婆一個人帶大八個小孩。小時候不覺得這是一個非常特別的故事，因為鄰里之間常聽到類似的情節。我小時候讓外婆帶過一段時間，隱約知道外婆出生富裕人家，後來家道中落，我媽媽他們是在很窮的地方長大的。外婆靠自己的力量把八個小孩拉拔長大，當她說起以前的生活，分享的經驗裡有很多智慧，讓我印象深刻。

後來我到美國念電影，外婆過世，喪禮上我們大家族聚在一起，過程不免出現一些爭執、傷心，也有開心的時候，大家一起懷念過世的人。期間我回想起高中時外公過世，外婆那時候明明滿腔的憤怒，可是最後還是決定辦完先生的喪禮。外婆過世時，我的確是想拍一個東西來紀念她，處理我自己的悲傷，可是後來覺得與其拍一個很溫馨美滿、白手起家的奮鬥史，不如拍外婆到底是哪一個時刻打動我的，她那時為什麼做出這麼大的決定，好好把喪禮辦完，願意退一步讓先生的情人參與，是從這裡出發去寫這個故事。

王昀燕：所以電影裡我們看到的那些情感，也是你從外婆身上感受到的？

許承傑：小時候覺得很單純，平常都會聽到正宮跟小三有爭執啊，這故事我們覺得很八股、很沒意義，現代社會不應該允許這樣的邏輯存在，可是我想從另外一個比較貼心、感同身受的角度去看，老一輩為什麼做這個決定？我不相信這個老太太心裡面這麼有大愛，或者很大器的覺得沒關係，她有很多的無奈和不甘願，可是她為什麼最後決定這樣做，有沒有人體會過她的心情？我們也同時田調了很多身邊的人，包括我的編劇、我的製片人他們身邊的一些生命故事，大概綜合起來，最後把情感放在裡面。

王昀燕：《孤味》是二〇一七年先拍成三十分鐘的短片，之後再改編發展成一百二十三分鐘的劇情長片，都是由淑芳阿姨主演，當初為什麼想找淑芳阿姨飾演阿嬤這個角色？

許承傑：那時候剛從美國回來，我對台灣的演員沒有那麼熟悉，選角給我第一個選擇就是淑芳阿姨。我記得阿姨那時候剛拍完《角頭》（二〇一五），裡面有一張劇照是阿姨坐在板凳上，穿著一件淡藍色的洋裝，看起來有一點點像我外婆。我就覺得如果她願意來聊聊，會是蠻幸運的事，所以就聯絡她。

王昀燕：在這之前看過淑芳阿姨的作品嗎？

許承傑：電視、電影都看過，但因為短片是畢業製作，我們沒有錢，對於知名演員不敢抱太多期望，自己覺得阿姨不一定會答應接拍學生的作品。

王昀燕：阿姨也拍蠻多學生製片，為什麼會想接學生的作品？

陳淑芳：我覺得自己在台灣也不算是大牌，我很喜歡學生製片，首先是我可以跟他們和在一起，感覺好像還在學校；另一方面也希望這些學生製片的導演能夠上來，畢竟前輩導演有他們的功力，但時代的變遷仍應該由這些年輕人帶動，我是這麼覺得。

王昀燕：會怎麼篩選學生製片的邀約？

陳淑芳：首先當然是先看故事大綱、看劇本，覺得可以，就去了。

許承傑：阿姨一開始是說不要，那時候其他角色也是四處問來問去，短片被拒絕的機會很高。後來阿姨跟選角又講上話，說因為寄過去的劇本字太小，她看不到，所以我們趕快印了一本字體放大的版本寄給阿姨，她看了就說可以約見面。

我記得是約在忠孝新生的沐樂咖啡，我跟那時候的製片等阿姨來，之前我只看過阿姨的照片。等到阿姨坐下來聊，發現她非常親切，過程中，我就知道阿姨跟我外婆的個性其實是完全不一樣的，但眼睛裡很有精神、很有元氣是相同的。她那時候很熱情的說可以啊，但劇本裡主角需要唱歌，阿姨說她很久沒有唱歌了，真的要讓我唱嗎？所以開拍前有安排練習唱歌。

陳淑芳：我那時候還到三重一家卡拉OK店，那是演藝圈的人開的。我說富貴啊，你那個店幾點鐘開張？他說每天早上十一點，我問是不是可以讓我九點開始唱？我就到那裡練唱了幾天。

王昀燕：那時候有伴奏可以讓阿姨練唱？

許承傑：我們做一個簡單的無人聲伴唱版，錄在阿姨的手機裡。但當時約莫二〇一六、一七年，長輩使用手機不像現在這麼靈巧，所以不是很好用。後來美術做了一個遊覽車的伴唱版本，放了一堆我拍的風景照，下面跑歌詞字幕，讓阿姨練習。

王昀燕：太可愛了，當時阿姨練習多久？

陳淑芳：忘記多久了，有一段時間。我以前在台視群星會表演過，也曾到歌廳駐唱，但是很久沒唱了。

《孤味》電影劇照（彼此影業股份有限公司授權）

● 以媽媽、自己與阿嬤三人代入角色

王昀燕：阿姨接到新的劇本，剛開始會關心哪些環節？

許承傑：因為阿姨跟非常多的學生短片合作，所以她問了一些基本問題，包括拍攝的人大概有多少、演員的配置與怎麼照顧他們等等。我們那時候不是這麼有經驗，比較容易忘東忘西，我覺得阿姨問得很仔細，也是提醒我們。後來我們一直在想阿姨真的會接嗎？因為知道她很忙。

王昀燕：這些是阿姨接學生製片時特別會提到的問題嗎？

陳淑芳：對，我怕很多學生是來實習的，有時人一多，工作就做不好。

王昀燕：導演怎麼跟阿姨討論劇本？有預期她會怎麼詮釋這個角色嗎？尤其當發現她跟外婆的個性不太一樣。

許承傑：我跟阿姨講了一下外婆的故事，我外婆過世之前，我曾經想要記錄她

的生平，所以有一個大概三個多小時的錄音檔，是我訪問外婆講述她的人生。後來她的喪禮上，我把那三個小時剪成一個十分鐘的短片，用她自己的聲音搭配歷史照片，很快地講完她這輩子的經歷。那時候有把這個短片跟外婆的原聲音檔發給阿姨看。

王昀燕：阿姨當時看到短片，知道自己要詮釋這個人的故事，有什麼感覺？

陳淑芳：我是把我媽媽、我自己，還有阿嬷的精神，三個人融合在一起。戲中小三的角色，就以當年我爸爸的那個小三作為參考。當時我就跟可芳一樣，跟爸爸的情人是有聯絡的，也交流得很好，我就用這段經歷，結合可芳的角色，想想應該如何詮釋對待小三的心情。

王昀燕：確定由阿姨主演這個角色之後，有沒有根據她的特質，對這個角色做一些修改？

許承傑：我們有觀察阿姨的神情和動作，再去琢磨角色的一些語氣。但是倒沒有按照阿姨的原型重新調整。因為我覺得阿姨對角色的揣摩已經很精準了，她有揣摩出林秀英的樣子，所以我們仍是以她的詮釋為主。她在《孤味》裡的樣子跟在其他戲劇裡比較不一樣。

王昀燕：導演會期待她比較忠實地去扮演外婆的角色，還是她可以用自己的方式，為這個角色加入不同的個性？

許承傑：我那時候相對比較開放，在求學過程中，大家都會做半自傳的作品，以自己的生命經驗創作故事，所以一開始的確有動過這個念頭。但是我們拍攝之前，有一個讀本的過程，我會帶著演員，大家坐下來一起讀劇本。在那個過程中，就知道阿姨有她自己的詮釋了，樣子有一點不一樣，她有自己的節奏，那個節奏也蠻好的。

我外婆講台語是慢條斯理的，不是大小聲、很粗魯那種，我就希望電影裡大家講台語的方式是比較優雅，淡淡的。我稍微跟阿姨講了之後，阿姨完全可以駕馭這種感覺，有她另外的一個樣子出來，那會感染現場其他演員。

有了讀本經驗後，拍攝時，就沒有特別跟阿姨說一定得怎麼走怎麼走。我覺得之前短片的過程蠻重要的，因為我們一起摸索，把林秀英這個角色的原型做出來，拍長片的時候就比較順利。

王昀燕：可以多談談讀本的過程嗎？

許承傑：讀本對我來說是一個蠻重要的過程。讀本有一個好處是，戲中台語居多嘛，但寫劇本基本上還是中文的語法，我們需要像阿姨這樣的演員去跟我們說，這一句台語應該怎麼說，然後有一些不同的詮釋。

我們要先註記下來，然後一字一句去過那個台詞，過程中也會跟阿姨討論：你覺得這一句這樣講對嗎？她現在心情很糾結，講這句會不會太瞎還是太淺白？又或者會問阿姨：這句如果換一個比較開心的方式講，妳覺得OK嗎？阿姨就會提供一個比較有建設性的講法。這整個過程也是讓我知道，到時候在現場萬一有什麼狀況，我們能不能夠合作，找到路走；或者這一條線她比較不OK，現場就盡量避免往那個方向走。我是一直還蠻堅持有讀本和討論的過程，綵排倒不是必要，綵排比較耗能量。對我來說，讀本除了是精進那場戲，跟演員建立信任也是很重要的。

陳淑芳：我覺得演員在開拍之前的讀本非常重要。不管是《孤味》的短片或長片，我們都有讀本。拍長片時導演還特別找了一位老師來教我們台南腔，真是非常細膩啊！比如我們說月亮是「月娘」（ge̍rh-niû），他們說「月娘」（gue̍h-niô）。還有「生日」，腔調也不一樣。

王昀燕：是在讀本階段找台語老師？真的很講究。

許承傑：需要花比較多功夫在這上面。我之前有幾次去日本拍戲的經驗，他們每一個城市的文化局都會有一個地方口語老師。比如東京的演員來九州拍戲，就算同樣講日語，還是有腔調之分，文化局會免費配一個老師給你，調整腔調。

台灣有一個「李江却台語文教基金會」，他們很專業。我的執行製片之前跟過《女朋友．男朋友》（二〇一二）、《血觀音》（二〇一七），也是找同一個基金會。他們教《女朋友．男朋友》的桂綸鎂時，還是從拼音開始教，我們很多演員本身會說台語，只是要修正腔調而已，比較單純，但我們還是請了好幾次老師，每個演員分別來上課。

阿姨是九份人，比較偏北部腔。可芳是台南人，台語算道地的，不用特別修。像楊一展完全不會講台語，老師一句一句錄音給他，他再把自己講的錄給老師，然後一個字一個字修正。

王昀燕：在日本導演是枝裕和演員樹木希林的對談集《與希林攜手同行》裡，身為東京人的樹木希林說，如果劇中角色需要講關西腔，她就會婉拒，因為關西腔比較特別，她真的講不來。

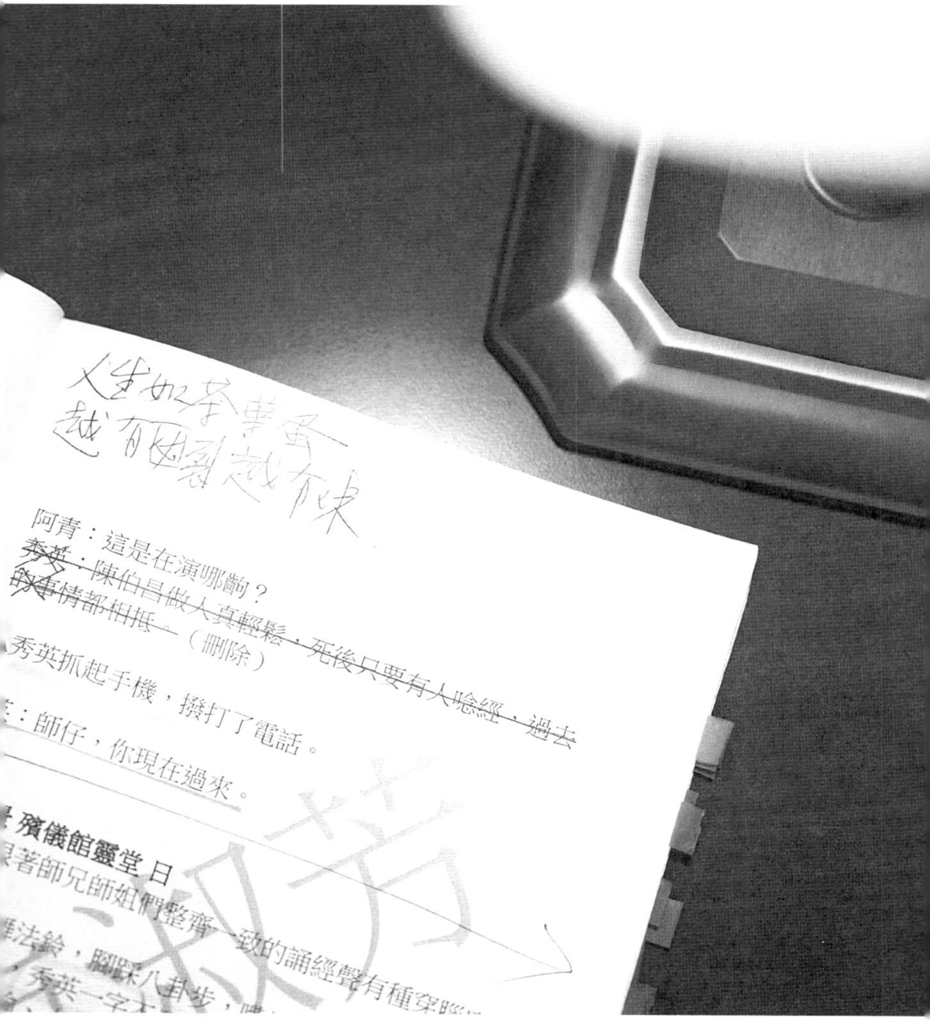
人生如茶葉蛋
阿青：這是在演哪齣？
秀英：陳伯昌做人真輕鬆，死後只要有人唸經，過去
的事情都相抵。（刪除）
秀英抓起手機，撥打了電話。
師仔，你現在過來。
殯儀館靈堂 日
著師兄師姐們整齊一致的誦經聲有種穿

陳淑芳《孤味》工作用劇本

△秀英隨手一擺，阿瑜拿著已點著的香一時
措。
秀英：你們跟陳伯昌熟識多久了？
惠美師姐：陳大哥跟我們結緣的晚，
十幾年了。
秀英：這樣喔，阿他們兩個作伙
△秀英的問題讓師姐們感到一絲疑惑。
△佳佳這時從外面回來，還不知道發生何事。
佳佳：師兄師姐，
惠美師姐：沒關係，
秀英：美林，這裡沒有
婆。
△師兄師姐們

陳淑芳：要去學，如果戲很好，很想演的話，一定要爭取。

王昀燕：阿姨現在拍戲，有讀本的多嗎？

陳淑芳：不讀本怎麼演？

許承傑：電視台有嗎？你們很趕耶，有在讀本嗎？

陳淑芳：自己讀啊！

許承傑：那現在參與的電影，大家還會坐下來一起讀嗎？

陳淑芳：會。

王昀燕：自己讀跟大家一起讀，對你來說會有差別嗎？

陳淑芳：有啊！像我這次演電視劇，大家都自己讀，我挑了比較輕的角色，媳婦講得多，婆婆講得少，有時候我這句話要塞在哪裡竟然忘記了。如果讀本就不會，大家對台詞，就會知道誰講完了該誰講，話很自然就進去了。

問導演，你要右邊流淚還是左邊流淚？

王昀燕：阿姨第一次聽到《孤味》的故事，知道導演外婆這個人的時候，心中想像她的形象是什麼樣子？

陳淑芳：那時候看導演給我的短片，我看阿嬤做事、說話的樣子，就想如果接這個角色，應該要改變我自己。她比較穩，不像我這樣輕俏。這都要學，怎麼學？有時候在馬路上站一站，看看經過的人有沒有類似的，這是很重要的，就跟演出林正盛《春花夢露》一樣，去醫院看一看，之後我就把牙齒敲掉了。不過最近我客串一齣大愛台的戲，把牙齒卸掉，就那樣演，醜就醜吧。

王昀燕：《孤味》這個故事最打動你的地方是什麼？

陳淑芳：最打動我的地方是，這個阿嬤獨自養活那麼多孩子，相較起來，我媽媽只生我一個。這個故事很好，本來擔心導演這麼年輕，拍這個戲行嗎？但看了劇本，心想不管怎麼樣我都要演，一定要好好演她。我年紀也大了，不知道還能演多少年，所以一定要把這個角色演好。

王昀燕：請導演談談三十分鐘短片和一百二十三分鐘長片，兩種版本在敘事上的差異？

許承傑：短片重點是放在阿嬤怎麼去面對隔了這麼多年的往事，怎麼去處理對先生的憤怒、怨懟；見到先生的情人，明知不是她的問題，該如何應對？進到長片的時候，我們有更多篇幅去講短片沒辦法講到的。例如辦喪禮時不會是一個人，有小孩，有孫輩，你不只是面對自己的憤怒，還有各種問題要處理。台灣辦喜喪都是熱熱鬧鬧、充滿混亂，長片的重點比較放在這個阿嬤跟她的三個女兒。當年丈夫離家，不只對她造成創傷，在她的子女身上也種下了一些痕跡。到頭來，必須一起面對和處理，那是集體療傷的過程，長片比較是談這個部分。

王昀燕：阿姨在演出短片和長片版本時，詮釋上有什麼不一樣嗎？

陳淑芳：不一樣，拍長片更要加把勁了。為了專心，現場我還跟導演說，你不要跟我講話。其實一開始導演找我演長片，我說不要演好不好？導演問為什麼？我說找來的都是得過獎的演員，我什麼獎也沒有得。甚至還曾經阻止公司幫我報名參賽，我是賺錢，我要還債，不是要得什麼獎。演長片時我好認真，不能讓出資者賠錢，不然我就完蛋了。

王昀燕：可以請導演分享阿姨在現場的準備狀態嗎？

許承傑：阿姨很專業啦，她就是一個精力充沛的人。她說不要跟她講話，其實她一到現場就會跟每個人打招呼，包括大大小小的工作人員以及每個演員，所以她會讓大家醒來啦！拍夜戲時，阿姨永遠是精神最好的那一個，拿椅子給她，她會說可以站著就不用坐，她這樣說，年輕人當然也都不敢坐。阿姨很常自己一個人就跑過來，跟每個人嘻嘻哈哈，大家心情就會好一點，不那麼沉重，因為拍戲時很容易慢慢變得嚴肅。

她私底下跟我說，這部戲演員這麼多，壓力比較大，跟拍短片時的精簡配置不一樣。但我覺得阿姨已經拍過太多厲害的戲，也見過很多大場面，所以其實一開始並沒有感受到她的緊張。我們拍短片時，她還幫忙募資，彼此建立了深厚的信任，阿姨在的時候我反而比較放心。我們蠻有默契的，給她一些指示的時候，不用說太多，她都懂我的意思。

因為阿姨拍片經驗太豐富了，短片合作的演員不可能都跟阿姨一樣專業，難免會遇到素人或是剛進行的演員，阿姨非常照顧所有的演員，也會跟演員說你應該往這邊多站一點啊，剛剛你應該怎麼接啊。

拍一場哭戲，阿姨還會問你，你要右邊流淚還是左邊流淚？我心想，怎麼可能？阿姨真的辦得到！不管是演電視劇或電影，阿姨都非常專業，我覺得那已經是工藝（craft）的一部分了。拍短片時因為比較沒錢，我的一些同學跟一門攝影課的教授，從紐約飛來，加入劇組，儘管語言不通，阿姨跟他們溝通還是完全沒問題，就像是語言不通的廚師，在廚房還是可以合作一樣。拍攝過程蠻順利的，互動蠻開心的，阿姨也很喜歡那個攝影師。

陳淑芳：如果是右邊，右邊就多流一點啊。眼淚很貴啊，看你要哪一邊嘛，控制一下啊。不過導演要求我不能流淚，那是很痛苦的。

許承傑：對啊，我不讓她哭。

陳淑芳：他外婆很堅強的。

許承傑：對啊，情緒不一樣啦。所以一直跟阿姨說，因為阿姨大眼睛嘛，淚眼汪汪是她很輕鬆可以做到的，可是我覺得大哭這樣的情緒，在以往的台語戲劇裡太常看到了，大概每三分鐘就看到一次。我們在拿電影長片輔導金的時候，很多人都問這故事為什麼要再拍一次，大家都看過啦，所以一定要找出一個不一樣的方式。

陳淑芳：不哭很痛苦啊。不哭就是把它鎖住，那很痛苦，鎖得很辛苦。所以跟丁寧那一場戲就拚命哭。

許承傑：等了三年才可以哭。

●試著拿掉慣性的手勢和動作

王昀燕：之前阿姨演過很多大愛電視台的戲，需要訪問傳主本人或家屬。《孤味》也有真實角色作為基礎，導演還提供了什麼參考素材嗎？

許承傑：拍長片時沒有特別給。比較不一樣的地方是，大愛台拍攝的是師兄師姊的故事，他們期待看到自己的故事被影視化，《孤味》雖然取自外婆的精神，但我沒有要阿姨去複製我外婆的故事，所以除了一開始給阿姨看外婆的短片，沒有特別給太多東西。

王昀燕：片中林秀英的形象、個性、心理，以及聲音、表情與姿態等，你們是如何討論並塑造出這個角色？

許承傑：一開始還是會對家人進行田調，了解他們心目中的外婆到底是怎麼樣。大家都講同一句話：「你阿嬤就是為了爭那一口氣，不要別人的幫助，自己苦著把小孩養大。」我心想「爭一口氣」到底是什麼？我們小時候常聽到這類勵志故事，我被誰瞧不起，為了爭那一口氣，我就怎麼樣。大家都說外婆就為了爭那一口氣，一個人把八個小孩養大。我那時候就跟淑芳阿姨說：爭一口氣很重要。

可是到底為什麼要爭那一口氣，為了爭那一口氣你受了多少委屈和無奈。這個故事就在說你爭到那一口氣了，可是你討厭的那個人還是回來了，你還是要處理啊。你的那些不爽和怨懟，不是壓在心裡，就真的會過去，總有一天，它還是會以不同的形式回來，你怎麼面對？我們是以這個為出發點在塑造秀英這個角色，我覺得短片已經有一些樣子出來了。

阿姨是一個很活潑好動的人，有她習慣的一些表演的手勢，我因為太熟悉阿姨了，有時候看到她一些新作品，會看出那些慣性的手勢和動作。可是《孤味》長片沒有這些，因為阿姨只要一做，我就跟她說等一下，那個不要。可以比較一下《孤味》和她同時期演出的其他作品。

王昀燕：拍短片時也有把這些動作拿掉？

許承傑：短片的時候我比較不敢，不過也有講啦，我覺得這是一個過程。

許承傑：拍短片時還不敢講那麼多，長片因為演員很多嘛，我只跟她熟，所以我只會對她講話比較沒大沒小。

王昀燕：導演叫阿姨拿掉那些小動作的時候，你的反應是怎麼樣？

陳淑芳：這個阿嬤不能那樣子啦，可是有時候會忘記。

許承傑：我這幾年看了很多阿姨以前的電影，她在片中的形象比較活潑，那些細微的手的動作、抬頭看的神情，我覺得這在某些戲上是很有幫助的，可是在《孤味》裡，林秀英這個角色不需要那些，那會變得很容易被人家看穿，她的情緒是需要比較收的。

以前演員的表演方式比較多手勢，還有一些講台詞時眼神的落點和情緒等等，我覺得表演方式一直在進步，所以演員也一直在調整。阿姨經歷了這麼多，她其實都可以，只是有時候你沒給她指示，她當然還是會有一些習慣的、覺得好的方式。也沒有叫她砍掉重練，就大家找一個折衷點。

陳淑芳：很好，所以今天我才能拿到那匹馬。

● 台灣很少八十歲老太太當主角的電影

許承傑：在拍長片的過程中，受到很多質疑跟拒絕，大概百分之九十九的公司都不願意投資，甚至前期寫劇本時、見投資方時，大家問的第一點就是，你的主角是一個八十歲的阿嬤，她不能跑，不能跳，不能騎摩托車，不能開車，你要一個八十歲的老太太當主角，台灣沒有這種電影。

阿姨在《孤味》裡沒有什麼動作戲，沒有跳車什麼的，是一個這麼簡單的戲，所以其實很不容易。當最後有投資人給你機會，阿姨又這麼支持的時候，要怎麼樣從短片再往上走，這個角色為什麼值得再說一次，我自己要下功夫啊。我回去看阿姨的影視作品，找出可以跟她之前的表演不一樣的地方，而不是去限制她，不是把她扮醜了。她有她其他厲害的方式，我希望《孤味》可以呈現出來。

王昀燕：你看了她過去哪些作品？

許承傑：電影都有看，包括侯導的片、楊德昌的片，電視上有阿姨的作品我也會看一下，所以拍《孤味》時，阿姨的小動作我太熟了！

王昀燕：那時你也是要爭一口氣？想說八十歲就不能當主角嗎？

許承傑：我覺得什麼故事都可以說，只是看說的方式，《孤味》能夠拍成，有一個很大的原因是，在我們之前不久有一部電影《老大人》（二〇一九），主角是一個七、八十歲的老先生，由小戽斗主演，黃嘉千飾演女兒，因為那部電影口碑與票房都有好的成績，所以後來投資人才決定這一部可以試看看。

王昀燕：關於人物形象，例如阿嬤的衣著打扮等等，是怎麼定下來的？

許承傑：這部分的確參考了很多那個年代的照片，因為故事跨度比較大，有子育演的回憶戲，那部分大概跨了各三個十年，到阿姨就跨了四個十年，所以等於是四個時代的服裝考據。從七〇年代子育的服裝一直演變到現在，主要是揣摩一個餐廳老闆應該穿怎麼樣的衣服。

陳淑芳：在台灣不管是電影或電視，劇組中會有服裝的一個頭頭，把服裝設定出來。這個頭頭很重要，如果設計不好就完蛋了。

王昀燕：針對服裝、妝髮，阿姨會給什麼建議嗎？

陳淑芳：沒有，我不建議的，導演、老闆看過，可以了，我們就接受。

王昀燕：導演提到，阿姨為這個角色打磨出一種穩定優雅的說話方式，從短片就已經定調了，為什麼會做這種設定？

許承傑：短片演員是阿姨跟方文琳、王真琳，那是我第一次導以台語為主的作品，所以節奏上沒有阿姨他們來得有經驗，但已大概有個樣子。有了那一次的嘗試，拍長片時比較知道怎麼去打磨這些過程，比較精準的知道演員之間的那些對話，特別是如果那一場戲有淑芳阿姨，我會希望盈萱、可芳她們去配合阿姨講話的節奏。我們看到一群人在講話，很容易判斷那是不是一家人，因為一家人講話的節奏是一樣的，快的一起快，慢的一起慢，所以那時候希望以阿姨的節奏為主。

王昀燕：阿姨那時候怎麼設定這個角色說話的節奏跟方式？

陳淑芳：劇本來了，我就這樣讀，這樣唸，有導演在我什麼都不怕，因為不對了他會講，快一點，他會講快一點，慢一點，他會講慢一點。

許承傑：一開始阿姨的一些反應可能會比較滿，張力比較足，動作比較快。比如說接到阿公過世的電話，阿姨就：「蛤?!」那也沒有不好，就是不同的選擇。後來就改了，那都是微調的過程。

陳淑芳：所以台灣都會把電影演員跟電視演員分開一點點，電視的表演會比較誇張，因為螢幕不大，小小的，電影就不能這樣子，太誇張了。

● 過台詞時展現深厚語言功底

王昀燕：阿姨提及拿到劇本的第一件事情會先看台詞，要調整的，會在上面做筆記。

許承傑：我是每天都會調整隔天台詞的人，所以演員很辛苦，半夜還會收到明天的劇本。

我一開始沒有這個打算，畢竟已經改了好幾次了，可是後來覺得不行，因為開始拍攝後，故事又進入另外一個詮釋了，不可能第一天拍攝完之後，覺得隔天的劇本還是完全適用於第一天的角色。例如阿姨跟盈萱演了一場戲，她們飾演的大女兒跟林秀英已經不是我預設的樣貌，一定會有調整，那隔天要按照他們的狀況去微調台詞，或者是稍微更動劇情。我一直在調台詞。

王昀燕：導演邊拍邊改台詞是常有的狀況嗎？

陳淑芳：很少。

許承傑：我那時候真的每天拍完就回房間改，改到十二點。有時候你寫劇本時覺得那個台詞是OK的，但講出來不像一般人說的話，我希望《孤味》裡大家說的話，是像我們現在說話的感覺，所以一直在修、一直在刪、一直在改。

陳淑芳：不管是什麼樣的戲，電影也好，電視也好，講話就應該像我們現在這樣子才對。

許承傑：這樣大家才喜歡看嘛。

陳淑芳：像古時候演戲，都要先做動作，再說出來，尤其是舞台劇與電視劇。現在都是很自然的，家庭的戲就是很自然，以前不是。

王昀燕：需要先亮相？

陳淑芳：對啊，就像京劇一樣。

許承傑：對啊，就是叫觀眾看過來、看過來。

王昀燕：導演會怎麼跟阿姨討論台詞？可以實際舉例嗎？

許承傑：假設今天是拍第61加62加63場，拍完我會全部拿回飯店改，半夜發給副導，隔天大家現場就拿到一份新的版本。要是有改動，他們都會很崩潰，因為要趕快去張羅，所以我的每一個字他們也都要管的，改完一定要趕快發給副導，他必須跟每一組說要準備什麼。

我跟每一個主演都會過台詞。有一場戲是阿嬤跟小澄（陳妍霏飾）的對話，我們原本寫的是「你怎麼這麼沒用，很沒膽」，過台詞的時候，阿姨就會說：「恁老母生你，無袪石頭共你做膽毋。」這部分就要靠阿姨了。

陳淑芳：簡單來說，比如我們這裡五個人，每個人用台語說家庭的「家」，可能都不一樣。有一些台詞很奇怪，說「看醫生」，醫生無破病啊。是咱破病要去予醫生看，你如果覺得不爽快，快點叫家人帶你「去給醫生看」。現在有些孩子不說母語，可是國語又講不好，我好「ㄌㄜˋ」喔，應該是我好「ㄖㄜˋ」喔。

許承傑：拍短片時，龍劭華龍哥來幫我們錄一段台詞，我中文是寫「謝謝，不好意思」，龍哥就說「勞力」（lóo-la̍t），這是我們這一輩寫不出來的，印象很深刻。長片過台詞的過程比較複雜，因為還加上台語老師，阿姨的一些俚語，台南人也許不會那樣說。專業的台語老師真的很厲害，他還問我們，是要台南市還是台南縣的腔，分得非常細。除非台詞真的很繞口，不然阿姨原則上不會去改動。

王昀燕：導演剛提到，只需要提供一些指示，阿姨很快就能掌握。那有沒有劇本沒有寫到的小動作或表情，是阿姨自己加進來，覺得效果很好的？

許承傑：還是有啦。拍長片時幸運的是，有了之前的嘗試，我們對於角色有一些基本認識，我大概知道阿姨會怎麼呈現。每拍一場戲，到現場一定是先看走位。《孤味》幾乎每一場戲都在狹小的空間裡，通常都六、七個演員。已經有很繁瑣的走位要做了，所以走位之後，我們會看演員有沒有自己加的東西，我們以那個為主，再往下走去調整。我沒有限制到比如一定要左手拿東西，一定要右手拿東西，那會變得很卡。

陳淑芳：自然就好了。

王昀燕：像這種家庭劇，親子關係往往有些複雜，好像自然親切，可是又有衝突和誤解，導演要如何營造這種家庭氣氛？

許承傑：這種家庭戲很複雜是因為，不可能是真的一家人演，所以要靠演員的互動。彼此要熟悉，不用親如姊妹，可是至少在互動上是要覺得很舒服的。阿姨也好，Vivian（徐若瑄）也好，他們都是非常溫暖的人，很大器地願意跟其他演員互動。

我覺得尤其是家庭劇，最後戲有沒有成，選角占了百分之六、七十以上，在演員的組合上，我們花了非常大的心力。一開始也會擔心這麼多演員一起拍，他們會不會講得很卡，比如Vivian是一個講話非常慢的人，盈萱講話可快可慢，可芳講話就跟機關槍一樣，你要怎麼樣讓她們調到一個舒服的節奏，那個過程我們花了蠻多心思。

陳淑芳：這個就是有的像爸爸，有的像媽媽。像謝盈萱像爸爸，因為她手腳也長嘛。可芳就像媽媽，講話很快。張鈞甯雖然來一天就走了，但我們像是跟她和了好多天一樣，一來就很親。所以當下覺得真的就是一家人，不管來一天或來十天。

許承傑：演員組合跟事前讀本還是蠻重要的，我覺得《孤味》的幸運是，我們有一半的演員台語都不輪轉，所以大家一起學台語，都願意來讀本，一起磨，因為誰都不想出糗。有一件事情一起做，情感就容易凝聚起來。讀本時，先是一對一，再約全部的人一起。

漁市開場戲一點霸氣一點調皮

王昀燕：接下來我們特別針對幾場戲，談談拍攝時是如何溝通，以及遇到什麼挑戰。

一開場，魚市場那段，光是這一場就已經可以看出主角秀英的身分地位，拿龍蝦的姿態也是一絕。

陳淑芳：那天好冷！

許承傑：那是半夜三點拍的。我們希望在第一場就展現出她的個性，可以看到市場裡大家都很尊重她，她有一點霸氣、一點調皮。短片跟長片都有類似的開場，短片的開場是在菜市場。比較好玩的是，短片開場裡的攤販，那些跟阿姨對話的老人，是台南一個老人劇團的演員。事隔三年之後，我們在拍魚市場這場戲的時候，跟阿姨對話的也都是原班人馬的演員。

拍短片的時候，我們想拍一個一鏡到底，但一直失敗，因為現場只有五個工作人員，要控整個菜市場根本不可能。製片說，等你有機會拍長片，就可以把整個市場包下來。然後我們就被騙了，還是拍不成啊，只是工作人員變七個人而已！阿姨跟魚販對話那一場，我們拍得超辛苦，因為攝影機藏得蠻隱密的，好幾次阿姨在挑貨的時候，旁邊的歐巴桑會靠過來問你買這是什麼？阿姨還跟她們溝通……

王昀燕：沒有清場？

許承傑：不可能啊！我們問過，可以清場，但是我們要把那天的漁獲都買下來，大概三百萬吧。

陳淑芳：不過不清場比較自然。

許承傑：對，這樣比較自然，戲中看到的除了跟阿姨對話的人以外，全部都是真的在魚市場工作的人。

王昀燕：難怪需要藏鏡頭。

許承傑：因為大家都會看鏡頭，一看就毀了。

陳淑芳：又不能拍一次、兩次、三次、四次，不然他們都知道了。

許承傑：希望第一場戲裡，她是有點霸氣又有點調皮的。人家說送她一點東西，阿姨就拿最貴的，而且還要先假裝不好意思。那天整個安平魚市場都沒有龍蝦，我們是特別拜託一位攤販從台北的魚市場調貨，讓龍蝦搭飛機到台南機場，送過來給我們。謝謝日本空運來的龍蝦，那是那天最貴的，我們只有那幾隻為數不多的龍蝦。當天拍攝過程蠻有趣的。

王昀燕：這一場拍幾次？

許承傑：凌晨一點去，拍到天亮。

陳淑芳：現場兩、三點鐘開始，好冷好冷，我們那個妹妹小徐，拿了一個暖暖包給我，那是沒有黏膠的，但手握著不能演戲，她就用大力膠貼在我背上。後來黏性沒了，暖暖包就掉下來了。我知道它掉下來了，可是現場很暗，根本看不清楚，連看螢幕都看不清楚那塊白白的。

許承傑：外面下大雨，螢幕只有跟手機差不多大小。

陳淑芳：導演說，今天晚上到這裡為止，收工了！我想不行，就過去跟他說，

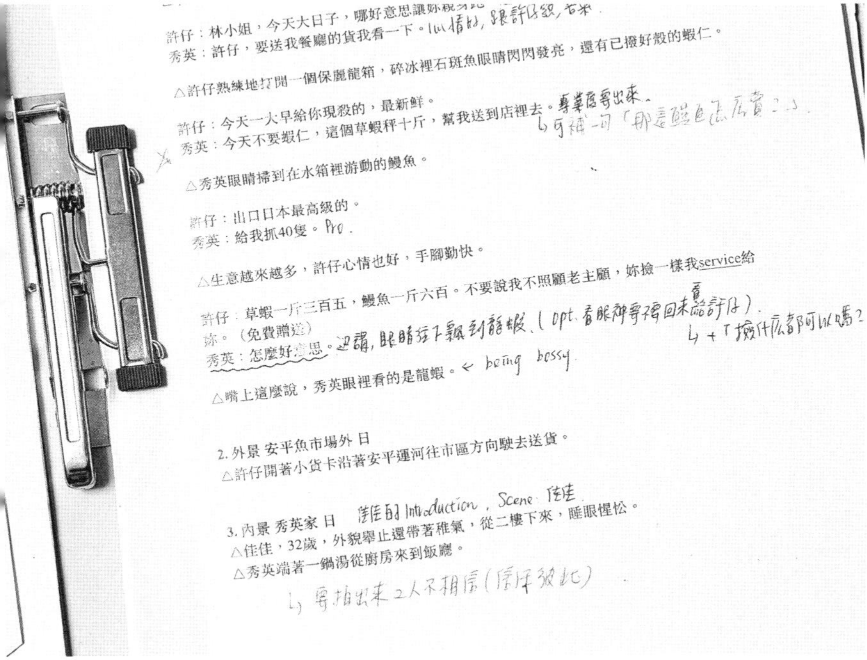
許仔：林小姐，今天大日子，哪好意思讓妳親身跑
秀英：許仔，要送我餐廳的貨我看一下。
△許仔熟練地打開一個保麗龍箱，碎冰裡石斑魚眼睛閃閃發亮，還有已撥好殼的蝦仁。
許仔：今天一大早給你現殺的，最新鮮。
秀英：今天不要蝦仁，這個草蝦秤十斤，幫我送到店裡去。專業度要出來。
△秀英眼睛掃到在水箱裡游動的鰻魚。
許仔：出口日本最高級的。
秀英：給我抓40隻。Pro.
△生意越來越多，許仔心情也好，手腳勤快。
許仔：草蝦一斤三百五，鰻魚一斤六百。不要說我不照顧老主顧，妳撿一樣我service給妳。（免費贈送）
秀英：怎麼好意思。
△嘴上這麼說，秀英眼裡看的是龍蝦。← being bossy.
2. 外景 安平魚市場外 日
△許仔開著小貨卡沿著安平運河往市區方向駛去送貨。
3. 內景 秀英家 日　佳佳的 Introduction，Scene 佳佳.
△佳佳，32歲，外貌舉止還帶著稚氣，從二樓下來，睡眼惺忪。
△秀英端著一鍋湯從廚房來到飯廳。

導演許承傑《孤味》 工作用劇本

導演，對不起喔，我們再來一個好不好？為什麼再來一個？我說暖暖包掉下來了。他說沒有，從螢幕看不到。我說，拜託啦！我們再來一個好不好？萬一真的掉了，我們再拍不就撿到了？如果沒有掉，還可以挑哪一條比較好。後來真的多拍一次，到台北一看片花，啪啦。

許承傑：原來那顆鏡頭就是從阿姨兩腳之間掉下一個暖暖包，像是突然下了一顆蛋。好險有重拍，不然這個鏡頭就不能用了。

細微詮釋面對小三的複雜心理

王昀燕：在壽宴的那場戲裡，阿姨有唱歌。這是在哪一間飯店拍的？

許承傑：府城食府。

陳淑芳：這場戲喝酒時我想到我媽媽，我媽媽就是這樣，一直乾杯。

王昀燕：拍短片有特別練歌，長片時也有練歌嗎？

陳淑芳：拍長片也是要練。

許承傑：短片跟長片都有，我們拍攝之前都會陪阿姨練好幾次，配樂老師把歌寫好之後，我們租一個有鋼琴的音樂教室，陪阿姨一直練一直練，練了好幾次。

現場要收阿姨的歌聲，不能放音樂，所以阿姨在現場是清唱，她清唱時台下有一兩百個人，全部不說話，看她一個拿麥克風唱歌，很緊張！

王昀燕：阿姨會緊張嗎？

陳淑芳：會呀！怎麼不會？臉皮要厚啦。

許承傑：這場戲拍好幾次，我們其實只拍三個角度，還是拍了一兩個小時。音樂是後來才配的，現場沒有聲音。

王昀燕：拍攝複雜的內心戲時，導演會給阿姨什麼提示嗎？

許承傑：情緒很濃的戲，反而不用花太多時間跟阿姨講解，我覺得她自己很清楚裡面的內容。但比較細微的地方會跟阿姨說，好比憤怒、悲傷，我們換一個方式來呈現，不要太外顯。

片中蔡小姐（丁寧飾）跟友人到靈堂摺蓮花一幕，一開始秀英不知道哪個是蔡小姐，她問蔡小姐今天怎麼沒來？全部人都愣住了，她看大家的反應，才猜到哪個是蔡小姐。但她還不是很確定，直到蔡小姐準備離開時，換上那件外套，秀英之前在醫院看過那一件外套。秀英一直在尋找蔡小姐，真的遇到了，你以為她會罵她、會吼她，但她其實也不知道該怎麼辦，只有輕輕叫她一聲，然後兩個人對看。那心情非常複雜，這個複雜的過程阿姨演得蠻好的。

陳淑芳：那個外套顏色是以前阿公最喜歡的顏色。

王昀燕：阿姨可以收放自如？

許承傑：對啊，其他演員都被阿姨害到了。可芳一開始不知道，例如今天拍一場沉重的戲或哭戲，中間換鏡位的時候，阿姨跟她竊竊私語開玩笑，可芳大笑。接著我說要開始囉，阿姨馬上就掉眼淚，可芳說她拉不回來，被阿姨害到。一喊Action，阿姨就變了。

陳淑芳：我不是故意的。兇手不是我。

許承傑：這部片後面幾場比較辛苦，因為空間很不好拍，我們都在實景拍，天后宮現在紅到不行。拍天后宮這一場戲沒有清場，現場其實有一個新北市的進香團，大概七、八十個人，當他們到左側時，我們就到右側拍，很辛苦，很崩潰，而且在廟裡拍真的很緊張，因為老人家很多，更不可能請他們手機關靜音。哭戲拍到一半，有人LINE響了，或是有人連續收到二十張照片，叮咚叮咚不停，真的不知道怎麼辦。那一天好累，這一場拍了一整天。

王昀燕：戲中真的看不出來現場有七、八十個老人家。

許承傑：拍到一半就有人喊：「陳淑芳耶！那是陳淑芳耶！」這一場丁姐的表

演很難啊。這場戲好像很簡單，只是走路，可是她們進了六個不同的空間，而且那裡不好走位，因為廟裡很暗，上面又不可以架燈，好比阿姨站的那個位置，她只要往前五公分，臉就是黑的。我們又是在空間很小的長廊拍，地面不能貼標誌，所以她們兩個很辛苦，要憑感覺去站到對的位置。

我們一個鏡頭拍那麼長，戲中秀英在廟裡意外見到蔡小姐，聽蔡小姐提起，陳伯昌（龍劭華飾）生前曾說對妻子秀英很愧疚，讓她夾在他跟娘家之間難做人，以致連爸爸的喪禮都不能參加。他也知道秀英很想把過繼給別人的女兒抱回來。

阿姨要在一個鏡頭裡，將秀英從震驚到難過，再到知道原來丈夫有替她著想的心情轉折傳達出來。

王昀燕：廟裡的這場戲，阿姨可以談一談那時候的狀態嗎？

陳淑芳：除了導演說的之外，這部片只能在這場戲洗我的眼睛，美容一下我的眼睛了。這場戲我拚命哭，當然也有很多怨恨，情緒激發出來。到了這種歲數，還為了一個男人，兩個女人哭成這樣，實在是有點……

許承傑：我超想拍廟裡的月老，可惜到現場，廟方說月老本尊不在，所以只能拍上面那個匾額。

王昀燕：本來要把月老跟阿姨放在同一個鏡頭？

許承傑：上面貼了所有來這裡求月老、最後結婚的夫妻的照片，本來我們拍了特寫。很諷刺的是，阿姨在這裡知道了一切，她在一個因緣俱足的地方，跟蔡阿姨兩個人看著所有終成眷屬的夫妻們，劇本上是這樣寫。結果製片人說必須跟照片上每個人要肖像權，所以不能用。

陳淑芳：如果是搭景的話就可以。

王昀燕：阿姨演情緒這麼濃厚的戲會不會覺得累？

陳淑芳：有準備就不覺得累，該拍就拍，要全力以赴地拍得很好。

《孤味》電影劇照。左為陳淑芳，右是丁寧。（彼此影業股份有限公司授權）

●熱情幫忙一起弄募資、跑放映

王昀燕：導演提到《孤味》短片後製階段的募資，阿姨幫了很大的忙，也因此變得特別親？

許承傑：短片拍完之後發現後製預算不夠，那時候很流行做募資，正好「嘖嘖」創辦人徐震剛回台灣，想認真耕耘，就跟他底下兩名大將丁展譽、高立杰陪我一起弄募資。阿姨知道了，就說她也要幫忙。因為阿姨熱情地到處打廣告，大概三個小時就達標了。

達標之後阿姨還是一直宣傳，台北有一些媒體露出，可是短片真的沒有人在乎，短片募資更是，我那時候其實只要募十五萬做後製。一開始我們只打算做兩場放映，很快達標之後，發現中南部很多人想看阿姨的戲，打電話來問有沒有可能包場。我說短片沒辦法包場，他們說沒關係，他們自己包戲院請我們去，後來全台灣放映了十三場，以短片來說蠻多的。還有一次，阿姨說她認識台南的古都廣播電台，要帶我們去，嘖嘖就說那我們去台南玩，所以我們四個人就一起搭高鐵到台南上一個廣播節目。

王昀燕：阿姨怎麼會這麼熱情啊？

陳淑芳：自己的戲好，跟著大家都好，不是很好？

許承傑：我覺得那個經驗蠻重要的。跑了十三場放映，還去台南六甲、苗栗頭份，阿姨都不讓我幫她付高鐵費用，我覺得很過意不去。有時候阿姨在拍八點檔，拍到早上八點，收工後立刻跳上高鐵，跟我一起去中南部放映，再自己回台北。短片那時候真的蠻瘋狂，但是也才有機會拍長片。

王昀燕：片中有一幕是秀英分金飾給女兒們，媽媽叮嚀女兒要高高興興過日子，這是原本劇本裡就有嗎？也頗貼近阿姨的生活哲學。

許承傑：她們在分金飾的時候，阿姨對盈萱說「你要歡歡喜喜過日子。」因為這個大女兒身上背負的東西很多，罹癌又離婚。人生很難，身為媽媽也只能關心，跟女兒說要正向以對。

其實那個戲本來只到那裡。拍完隔天休息時，盈萱突然說：「這個媽媽好辛苦喔！可是沒有一個人給她一個擁抱。」後來回去想想，我們其實缺了一場戲，我們需要有一個人真正抱抱這個母親。所以那天晚上我才又回去加了一場戲，就是盈萱下樓時，媽媽問她要去哪裡，跟她說癌症要好好處理。女兒把「歡歡喜喜過日子」這句話送回去給媽媽，然後抱了媽媽一下。這也意味著我們都懂你，我們都支持你。我自己很喜歡後來加的那場戲。

王昀燕：「歡歡喜喜過日子」這句話是劇本原本就這樣寫？

許承傑：有對過啦，本來寫「開開心心過日子」，台語一定是說「歡歡喜喜過日子」，蠻好聽的。

王昀燕：這也是阿姨的生活哲學吧？阿姨常說傷心的事不要再提。

陳淑芳：我也是這樣子啊。

許承傑：對呀，不提就不傷心了。

王昀燕：「孤味」講的是專心一意做好一件事情，阿姨拍戲拍了六十幾年，也是在實踐這個精神。

陳淑芳：專心演戲就是我的孤味啊。

許承傑

導演、編劇。

清華大學工程與系統科學理工學位，紐約大學新加坡分校電影製作研究所藝術碩士。

曾於南韓、日本、尼泊爾、新加坡、台北等地參與影視製作。

作品包括短片《龍蝦小孩》、《孤味》、《圓形三角形》與《馬味》等。

首部劇情長片《孤味》獲邀為二〇二〇年香港國際電影節開幕片、釜山影展亞洲之窗單元、東京影展世界焦點單元，並入圍金馬獎多項獎項，包括最佳新導演、最佳改編劇本、最佳女主角、最佳女配角、最佳原創電影音樂、最佳原創電影歌曲等。

《孤味》電影劇照（彼此影業股份有限公司授權）

《孤味》導演許承傑（右）與陳淑芳（左）

《孤味》導演許承傑工作用劇本

《親愛的房客》電影劇照（一期一會影像製作有限公司授權）

上圖、左圖：陳淑芳與《親愛的房客》導演鄭有傑、演員莫子儀

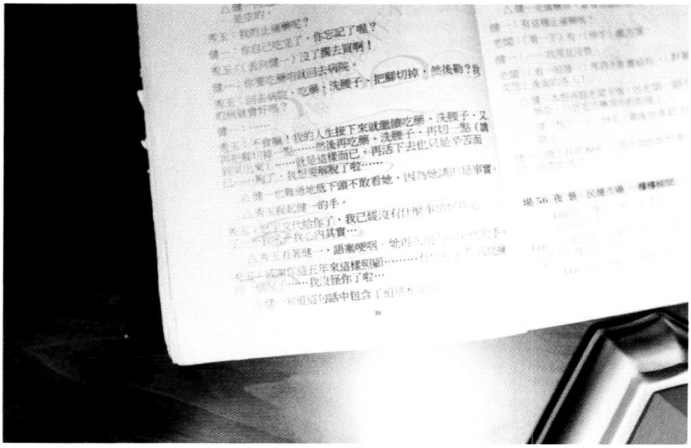

陳淑芳《親愛的房客》工作用劇本

輯三 ● 有問有答

1 喜歡的食物會先吃還是後吃？

——當然是後吃啊！

2 下午茶還是消夜？

——下午茶、消夜我都吃。

3 茶或水？

——水。

4 化妝最在意的部位？

——眉毛。

5 如果只能選一樣，畫眉毛還是口紅？

——當然畫眉毛，我本身嘴唇就很紅了。

6 高跟鞋還是平底鞋？

——要看年齡，年輕時候當然是高跟鞋，穿起來很漂亮啊。現在八十多歲了，穿高跟鞋，萬一拐到腳就糟糕了。

7 保持容光煥發、青春活力的祕訣？

——心裡不要有任何罣礙，每天開心，不要記恨。

8
平常都怎麼鍛鍊身體、維持體態？
——才不會！（哈哈）

9
最喜歡自己身體哪個部位？
——胸部。

10
第一眼會看對方哪個部位？
——如果是男生，看他皮鞋乾不乾淨，女生就看她頭髮有沒有梳好。

11
最喜歡的顏色？
——白色、粉紅色。

12
最拿手的料理？
——黃豆醬炒芋梗，好好吃喔。這道菜是媽媽教我的。

13
推薦最喜歡的三家餐廳？
——禪風茶樓、瑞濱海鮮小吃店、鍋爸涮涮鍋（特別是冰淇淋）。

14
人生最後一道料理，會點什麼菜？
——讓我開開心心喝一杯好喝的咖啡。

15
睡前會做什麼儀式性的事？

——換睡衣囉。

16 睡前洗澡還是早上洗澡？

——我都早上洗。

17 什麼時候卸妝？

——全台灣大概百分之八十的化妝師都知道淑芳阿姨不卸妝的。若有演出或活動，我前一天會先把妝畫好，隔天就可以直接出發。我沒有什麼化妝品和保養品，只有資生堂的粉餅和化妝師送我的護唇膏。卸妝時只用濕紙巾擦一擦，三、四天後再用南僑水晶肥皂洗臉。

18 起床後做的第一件事？

——尿尿囉。

19 生活上更喜歡變化還是不變？

——隨遇而安啊。

20 平常最放鬆的時刻是？

——洗好澡躺在床上的時候。

21 最喜歡哼唱哪一首歌？

——江蕙的〈風醉雨也醉〉。因為我以前很喜歡喝酒。

22 心情低落時，會做什麼事？

——睡覺、吃東西。

23 平常會怎麼紓壓？

——我好像沒有什麼壓力。

24 最滿意自己什麼地方？

——很會包容別人，會做一點善事。比如今年中秋節，朋友看到台東一個阿伯柚子賣不出去，我就買了五十箱，帶到賀歲片的殺青酒會上送給大家。我高興，果農高興，大家高興，不是很好嗎？之前人生曲折，後來得了獎，拍一點廣告，賺一點錢，自己也花不了那麼多，為什麼不做一點善事？

25 最不滿意自己什麼地方？

——我是個濫好人。

26 如何看待自己的不完美？

——是自己造成的，不要怨別人，不完

美就盡量把它修完美一點。

27 **是怎麼養成每天發送問候圖的習慣？**

——現代人工作忙，很少見面，發早安圖、晚安圖是為告訴親友我很平安，也問候對方平安。

28 **作為（非演員的）陳淑芳，最想做什麼事？**

——年紀這麼大了，沒有什麼最想做的事情，就是盡量幫助別人。

29 **收工後，私底下都在做什麼？**

——我一個禮拜不工作就會生病。

30 **先思考還是先行動？**

——我這個人太衝動，常先行動，有時候過頭了會後悔。

31 **比較喜歡看悲劇還是喜劇，為什麼？**

——悲劇看，喜劇也看。我會跟著笑，跟著哭。

32 **看電視或電影時，是以一般人還是專**

業演員的視角？

——如果旁邊有家人在，就會從觀眾角度一起討論劇情。但隨後又會想，劇本這麼編，演員就一定要這麼演。

33 **如果演出宮鬥戲，想演哪一種角色？**

——如果要出名，就演壞嬤嬤。

34 **如果不當演員，會從事什麼職業？**

——這我倒沒想過。從小就想當演員，如果不做演員，可能會嫁人吧，把老公的胃餵飽比較要緊。

35 **覺得演員工作的魅力何在？**

——可以賺錢啊！演員賺不了多少錢，但比起坐辦公室還是好一點。雖然小時候家境不錯，但有了變故，不賺不行，要養家活口啊。現在我更要賺一點錢，做一點公益。

36 **什麼時候發現自己適合演戲？**

——很小就喜歡在台上蹦蹦跳跳，當時教堂有聖誕節活動，我就很興奮的跑去上台演戲。

37 比較喜歡演悲劇還是喜劇？

——喜劇是博得大家的開心，悲劇是自己比較開心，因為可以把不開心的情緒發洩出來。

38 做為演員，想像力跟觀察力哪一個較重要？

——都重要。想像、觀察之後，要在內在綜合起來，變成自己的，再表現出來。

39 會透過什麼方式去揣摩角色的心理？

——拍電視劇時，第一次演媽媽，曾連續三天跑到台北火車，做田野調查，觀察阿桑怎麼走路，跟她們談話。不然年紀輕輕，演不來媽媽。反過來，如果要演年輕一點的媽媽，也要觀察，因為時代不同了，現在的年輕人，不像我們以前談戀愛牽個手也不敢，現在是當街摟摟抱抱，甚至開吻，這不一樣也要學啦。

40 考慮參演時，決定性因素有哪些？

——先看大綱，接著看劇本，這齣戲如

果吸引到我就會接。

41 拿到劇本後做的第一件事？

——先把劇本完整看一遍後；再把我的角色拉出、場次拉出，看第二遍；接著挑出我跟對方的對話，這是第三遍囉；第四遍就再從頭看到尾，那時已不是陳淑芳，完全進入角色了。

42 花最多時間塑造角色形象的是哪一部電影？

——第一部電影《誰的罪惡》。因為那是我第一次拍電影，都還不懂。小時候過得很好，不懂什麼是悲哀，不知道怎麼演哭戲。那時我爸爸剛往生，李泉溪導演就走過來說：「你已經無老爸矣，閣袂曉哭？」一聽到這話，我哭到煞不住車。

43 哪一個角色最像你自己？

——應該是《孤味》。裡頭有導演外婆的形象，有我媽媽的形象，有我自己的形象，我把這三個形象混合在一起來演。

44 **與自己相像的角色比較容易演嗎？**

——也不，像自己的角色比較會去修修改改，覺得這地方要修一下，那地方要改一下，反而比較難演。

45 **最喜歡的角色造型？**

——電影的話應該是《野雀之詩》，因為從頭到尾都彎腰。電視的話，大愛台《失落的名字》裡那個有一點失智的老太婆。

46 **哪段台詞最難忘？**

——《親愛的房客》裡，男主角跟我兒子是同性戀人，我跟他說：我逼我兒子結婚生子，我不知道我兒子有沒有愉快、有沒有滿足；我也知道你跟我兒子的事，你跟他在一起有沒有滿足、幸福？他哽咽點頭後，兩個人抱著哭。做為一個媽媽，跟兒子的同性戀人講這種話是掏心掏肺。

47 **印象中最難背的一句台詞？**

——倒沒有最難背的。

48

印象中演得最辛苦的一幕？

——《孤味》裡，導演從頭到尾不讓我哭。有一場戲是我見了小三，心想這女人很可憐，那我不可憐嗎？情緒很複雜，眼淚又不能斷，因為鏡頭一個個來。

另一場戲是我過生日，上台唱歌，導演還不讓我哭，我的天哪，真是不曉得怎麼演。尤其我又是愛哭鬼，一唱歌眼淚就掉下來，導演立刻喊「卡」。

49

哪一部電影你最想重新演一次？

——我不敢說要重拍，說有更好的詮釋，因為演員要尊重導演，當場導演說OK就OK了。

50

哪一部電影下戲後情緒最難抽離？

——我不會這樣。曾在嘉義拍電視劇，我跟朋友有說有笑，一進去拍戲立刻大哭，朋友都傻眼了。

51

會想念演過的角色嗎？

——不會耶，演過就演過了。希望接下來有新的挑戰，不能一直停留在那裡，如果下一部戲還在演他，那就不對了。

52 可否比喻導演與演員之間的關係？

——導演是掌控整部戲的人，他說對就是對。導演有他的想像力，知道鏡頭要怎麼擺、怎麼剪，所以要尊重導演。

53 簡短描述演員之間的關係？

——假設是演一家人，大家戲外的生活盡量不要離得太遠，玩鬧也在一起。記得拍《孤味》時，我跟演小女兒的孫可芳，兩人打起沒有球拍的乒乓球，還自己做音效，玩得很開心。因為把她當成家人，演起戲來感情就很自然。

54 會看外語片做功課嗎？

——不太會，因為真的沒有時間看電影。

55 最喜歡哪個國外演員？

——若尾文子、淺丘琉璃子、尹汝貞。

56 怎麼拿捏自然流露跟刻意表演的界線？

——我是把角色當作我自己，崔小萍老師教我的，劇本看了一遍、兩遍，到了第三遍、第四遍就忘了自我，變成那個角色，不是陳淑芳了。

57 自覺更擅長肢體動作，還是表情與聲音上的傳達？

——我的表情是從內心流露出來，因為內心想著這角色的一切，表現出來就真正是這個角色，真正在生活，不是演戲了。

58 認為個人風格重要嗎？

——對整齣戲來說，個人太突出的話，整部戲不見得好。大家磨合得好，整部戲就會好。我不主張個人風格。

59 作為演員，希望留給觀眾什麼印象？

——我沒有這樣想過。

60 同一個場景，會預想幾種表演方式嗎？

——不會。我看了劇本，覺得這角色該怎麼演就很自然的演。

61 演出那麼多母親的角色，要怎麼演得不同？

——要看什麼家庭囉，譬如非常有錢的家庭，又或者很落魄的、沒有錢的、當乞丐的，心情都不一樣。我也很注重穿著，沒有錢的家庭的媽媽，不可能穿高跟鞋嘛。

62 作為一位女性演藝人員，如何面對男性較多的職場環境？

——沒有這個問題。

63 即興演出的訣竅是什麼？

——演戲是演別人，把自己融入進去。這種即興的，就是你自己，實實在在的，不要偽裝。

64 作為演員，有沒有為自己設立過什麼原則？

——一開始，我說男朋友一定不會是圈子裡的演員。結果都沒有，因為都演媽媽、演阿嬤。

65 勸演藝圈後輩千萬不要做的三件事？

——不能吸毒、不能喝酒、不能濫賭。品行要好。

66 **身為資深演員，會給自己更多壓力嗎？**

——我對自己的生活習慣、一言一行都很注重，很警惕自己。

67 **會重看並剖析自己演出的戲嗎？**

——不會，過了就過了。

68 **當外界對戲的評價不一，會如何面對？**

——會接受批評，然後改進。人家誇獎的話我不會特別怎麼樣。

69 **怎麼看待角色突然被終結？**

——這是經常有的事，有的是觀眾不喜歡這條線，有的是為了拍其他戲。

70 **怎麼看待得獎這件事？**

——真的沒想到會得獎，但也很開心，這一生就一次嘛。

71 怎麼看待被誤解？

——不會去解釋。

72 如何才能被人喜愛，又不丟失自我？

——做人問題，盡量做我自己，別人怎麼樣我都沒有關係。

73 身邊的人最常勸你的一句話？

——你心不要那麼軟好不好，你濫好人啊你。

74 你更願意說善意的謊言，還是傷人的真話？

——我會選傷人的真話。我也是喜歡聽真話。

75 女兒、妻子、母親，哪一種身分帶給你最深的感觸？

——每個階段都有每個階段的感觸。女兒被人寵愛；成為太太希望老公能疼你；當媽媽就一定要好好照顧小孩。當女兒感觸最深，因為那時候環境優渥，無牽無掛、無憂無慮。

76 有想要彌補的事嗎？

——我這一輩子最遺憾的是沒有一個很好的、完整的家庭。理想的家庭是三代同堂，歡樂和諧，有說有笑，那多好？家境小康就好了，不用多有錢。

77 怎麼看待親情？

——有血緣還是沒有血緣？我覺得並不一定要有血緣的才叫親情，有時外面的人比自己家裡人還要親。像我兩個弟弟都是不同血緣，我身體不好時，弟媳把我照顧得無微不至。

78 關於獨居，可以提供經驗與友善的提醒嗎？

——獨居要以身體健康為前提。是不是跟孩子住在一起，我覺得都沒有關係。如果有緣、有情，一個禮拜或一個月見一次面，都很自然；如果一天到晚吵架，還不如不住一起。

79 怎麼看待愛情？愛情對你來說是什麼？

——愛情對某些人或許很重要，對我是

一個滋潤，是很好的生活點滴。有愛情的人會比較漂亮，不管男的女的。但是不要亂愛。

80 維繫友情的祕訣？

——我跟蘭陽女中同學從十三歲初中認識到現在，幾乎每天都通電話報平安，把自己開心的事情讓對方知道，前幾天還辦同學會聚餐，比自己家人還親。

81 如何看待年齡漸長？

——我不在乎，年齡算什麼？

---

82 自覺現在心理年齡大概幾歲？

——六十歲。

83 如果可以改變人生中的某一個事件，你會想改變什麼？

——要我怎麼做就怎麼做，懶得改，還要再回去，幹嘛！

84 最喜歡人生中的哪一個階段？

——每一階段都很喜歡，都很好，不要怨天尤人好不好？

85 **有沒有想要擁有的超能力？**

——希望演更多好戲讓大家看。

86 **長期投入公益的動力來自哪裡？**

——我到鄉下拍戲，看到那些小朋友家裡頭很困苦，趁現在還有能力賺一點錢，債務也還清了，做一點公益不是很好嗎？我年紀這麼大了，留著錢幹嘛？

87 **妳的理財觀？**

——沒有，我很笨，我不會理財。

88 **疫情解封後第一個想去的國家？**

——還沒有想到。

89 **印象最深刻的旅行經驗？**

——我帶媽媽去香港、泰國。到泰國的湄公河邊，有人在洗澡、尿尿，我說這個國家的人，喝的水都是來自這條河。從那天開始，我媽媽就不敢喝水，連湯也不敢喝。那怎麼辦？因為媽媽很會喝酒，就每天給她啤酒，以酒當茶，媽媽不醉的。

90 **可以推薦家鄉九份的私密景點嗎？**

——從基隆山往下看的夜景真的非常美。

91 **最近一次流淚是為什麼？**

——朋友背叛我。

92 **最近一次大笑是什麼時候？**

——我去檢查身體，發現心律不整，動手術時我以為會全身麻醉，結果一動刀，我痛得大叫一聲。醫生說：阿姨，你體力很好耶，剛剛那一聲，三樓都聽得見。我就笑出來了。

93 **有人生座右銘嗎？**

——人生不要太計較啦，人生只有三天：昨天我過得很開心，今天我要比昨天更開心，因為不曉得今晚睡下後，明天眼睛有沒有張開，所以要把握這三天。

94 **可以列出人生夢想清單嗎？**

——目前沒有。

95 **如果人生是一張試卷，給自己打幾分？**

——五十九分。第一，我雖然過去家境很好，可是我現在把沒有弟弟、弟媳跟家裡的人帶得很好，過得平平淡淡的。再來，工作也沒有做得很好。還有健康問題，沒有把自己照顧好，所以現在要人來照顧我。因此覺得我的人生沒有做得很好。我對自己很嚴格，對別人就糊里糊塗。

96 **許多熟齡者選擇過輕鬆的退休生活，為什麼你仍充滿工作活力？**

——那是因為不想休息，也不想靠別人，很不自在嘛。我們自己生活很好啊，不管賺多少，賺多就用好一點，賺少就少用一點。沒有工作，我一天到晚在家不知道要幹嘛。但是去年有點過量，因為我不會拒絕。特助有時候說：阿姊，這不要接，太累了啦！我說：人家找我們，看得起我們，不要說太累。做！寧願別人欠我們，我們不要欠別人，吃虧就是占便宜，不要緊的。

97 演戲對你來說最開心的部分是什麼？

——演戲就是我的工作，那是最開心的。現在好多人都沒有工作。我們這麼幸運有工作，太好了。

98 曾說八十歲後變得比較三八，八十歲以前是怎麼樣？為什麼會有這樣的轉變？

——我八十歲以前比較嚴肅。現在因為怕沒有朋友，如果不三八一點，年輕人不會理我。

99 用一句簡短的話形容自己？

——就是濫好人嘛，但我現在已經清醒了。

100 會說「我愛你」嗎？

——沒有！會愛在心裡，不會講出來。我希望現在有一個人這樣講。

生平大事紀要

1939　出生於台北州基隆郡瑞芳九份。本名陳笑。父親為礦坑承包商，開採金礦，家道殷實。
1945　進入九份國小就讀。小學三、四年級時初次接觸舞蹈。
1947　父母領養姊姊，與她作伴。
1951　寄宿宜蘭舅舅、姑媽家。進入台灣省立蘭陽女子中學初中部就讀，師從張光甫學習民族舞蹈。父母領養大弟。
1955　報考甫成立之國立藝術學校，就讀第一屆話劇科（翌年改名影劇科）。師從崔小萍等學習表演藝術，向李天民學習舞蹈，在校內累積話劇演出經驗。
1956　經選薦參與西門町新世界戲院《漢宮春秋》大型戲劇，因而被星探挖掘。
1957　拍攝第一部台語片《誰的罪惡》，擔任女主角，正式出道。同年父親往生，家道中落。
1958　為扛起家計，在北投製片廠參與多部電影演出。未能完成學業。
1959　擔任梁哲夫《孟姜女》副導演。
1960　台語片產業盛極而衰。應台北西門町夜巴黎歌廳之邀客串駐唱。
1961　與歌壇姊妹花霜華、雪華及歌星張小梅等人赴菲律賓馬尼拉表演歌舞，為期半年。
1962　台視開播，進入台視成為台語單元劇演員，並參與台灣電視史上第一個歌唱節目「群星會」歌唱演出。母親、繼父領養小弟。
1971　轉入華視，擔任「基本演員」，為期二十三年。
1972　電視節目改由行政院新聞局管轄，台語節目播映時段開始受到限制，台語影人演出機會因此減少。
1978　參加國際花友會，赴紐西蘭交流花道。
1980　與梁姓澳洲華僑公證結婚，席開百桌。婚後息影，遠赴澳洲。
1982　自澳洲返台。

1983　應侯孝賢之邀參與拍攝《風櫃來的人》，重返影劇圈。此後參與多部台灣新電影演出。

1985　開立支票為吳姓演員救急，未料遭騙，欠下地下錢莊大筆利息債務。

1990　政府放寬外片進口配額限制，台灣電影產業進入黑暗期。重心轉移至小螢幕，以母親角色深植人心。

1995　華視基本演員合約結束。除了台視、中視、華視之外，也在第四台如民視、三立、大愛台等無線電視台演出。

2000　台灣掀起鄉土長壽劇風潮。陳淑芳參與其中多部代表性戲劇的演出。

2007　赴中國大陸拍攝電視劇《富貴在天》，此後六年工作重心多在大陸。

2017　還清所有債務。

2020　以《日後．回家路》獲屏東電影節最佳演員獎，為出道以來第一座演員獎項。同年再以《孤味》、《親愛的房客》獲第五十七屆金馬獎最佳女主角、最佳女配角。

2023　出版第一部傳記專書《戲如妳：陳淑芳的孤味人生》。

重要作品年表

●電影

1957　《誰的罪惡》
1958　《誰的罪惡 續集》《誰的罪惡 完結篇》
1959　《結婚五年後》《無情夜快車》《愛的勝利》《午夜鎗聲》《益春告御狀》《孟姜女》
1960　《劉伯溫》
1962　《釋迦傳》《母淚滴滴紅》《阿丁大鬧歌舞團》
1963　《歹命子》《黃金大鷹城》
1963　《春到人間》
1964　《我為你心酸》
1971　《獨霸天下》
1973　《煙雨斜陽》《一拳一塊錢》
1974　《愛的奇蹟》《潮州虎女》《中國怪談》
1975　《門裡門外》
1976　《少林寺十八銅人》《火燒少林寺》《夏日假期玫瑰花》《甘聯珠》
1977　《八大門派》《旋風十八騎》
1978　《真白蛇傳》《荷葉蓮花藕》
1979　《絕招六式》《勝利者》
1980　《新月傳奇》《媽祖顯聖》《冬梅》《情網》
1983　《風櫃來的人》
1984　《殺夫》《小爸爸的天空》《青蘋果》
1985　《結婚》《校園檔案》《在室女》《台北神話》《青梅竹馬》《童年往事》《慈悲的滋味》
1986　《泥巴中的少年》《戀戀風塵》
1987　《上班女郎》《我的志願》《午夜過後》《尼羅河女兒》《桂花巷》《校園青春樂》

1988　《轟天雙雄》《陰間響馬吹鼓吹》《媽媽再愛我一次》《英雄與狗熊》《隔壁班的男生》《校樹青青》

1989　《股市大拼盤》《海口人》《悲情城市》《童黨萬歲》《企業流氓》

1990　《阿嬰》《我的兒子是天才》《美國博仔》

1991　《那根所有權》《禁海蒼狼》

1992　《豔客臨門》《櫻花劫》

1993　《寡婦的男人》

1994　《多桑》《傳家寶》

1996　《春花夢露》

1997　《美麗在唱歌》

1999　《天馬茶房》

2012　《不倒翁的奇幻旅程》《龍飛鳳舞》《陣頭》

2015　《角頭》

2016　《五星級魚干女》《黑白》

2017　《目擊者》

2019　《野雀之詩》

2020　《孤味》《親愛的房客》

2021　《轉彎之後》《期末考》

2022　《我吃了那男孩一整年的早餐》《徘徊年代》

2023　《詐團圓》

●電視劇

1971　《西北雨》《中國民間故事：我的丈夫是公雞》

1972　《鳳山虎》

1973　《赤崁樓之戀》《六姊妹》

1978　《理髮小姐》

1979 《千金譜》

1982 《秋蟬》

1983 《風雅劇集 紅樓夢》《霧夜燈塔》《江南遊龍》

1984 《少女十七歲》

1985 《當時明月在》

1986 《開張大吉》《新西螺七劍》《白衣大士》《碧海青天夜夜心》

1987 《新孟麗君》《故鄉的榕樹下》

1988 《浪子的心聲》

1989 《追妻三人行》《愛你入骨》

1990 《白牡丹》《六個夢之婉君》《追妻三人行大運》《幾度春風幾度霜》《秀月的嫁粧》《母親》《他們之間－台北之音》

1991 《金交椅》《難忘鳳凰橋》《阿滿》《罔市的一生》《韓湘子》《草地狀元》《忠義八犬傳》

1992 《表妹吉祥》

1993 《包青天：報恩亭》

1994 《火中蓮》《夢醒時分》《查某頭家》《蒲公英的季節》《留情》

1995 《櫻花情》《醒世媳婦》《曉萍同志》《媽祖拜觀音：鴛鴦淚》

1996 《再愛我一次》《醒》《天公疼好人》

1998 《布袋和尚：變臉》《布袋和尚：二度梅》《舉頭三尺有神明：借人還魂》《不歸路》《天馬茶房》《春天後母心》

1999 《狀元親家》《富貴在天》《失落的名字》

2000 《大腳阿媽》《長男的媳婦》《無你較快活》《將心比心》《親戚不計較》《伴阮過一生》《飛龍在天》

2001 《台灣夜百合》《金枝玉葉》

2002 《賣油阿成》《新芽》《聞風而來》《軍官與面具》《錦貴》《開枝散葉》

2003 《望海》《四重奏》《智慧花開》《美麗的歌》

2004 《台灣龍捲風》《富裕人生》

2005 《生命的太陽》《舊情綿綿》

2006 《水色嘉南》《八仙傳奇：曹國舅》《關鍵時刻：偷心計畫》《黑貓大旅社》《戲說台灣：無頭轎洗奇冤》《我在　因為你的愛》《麻辣一家親》

2007 《夢醒他鄉是故鄉》《愛的約定》

2008 《天上聖母媽祖》《真情滿天下》《矽谷阿嬤》《富貴在天》

2010 《天下父母心》《情義月光》《清秀家人》《天涯赤子心》

2011 《我和我的兄弟．恩》《戀戀情深》《醜醜好菓子》《愛的迴旋曲》《無悔的愛》《團圓》

2012 《天下女人心》《日照大地》《幸福尋寶站》《博士阿嬤》《家有五寶》《愛的微光》《警察先生》《微笑星光》《望海的女人》《我的媽媽是天使》

2013 《戲說台灣：諸羅文財神　賭婆出大運》《吉人自有天相》

2014 《情牽萬里》《光合一加一》

2015 《一代新兵之八極少年》《秋涼的家庭事件簿》《月娘》《望你早歸》《PMAM 之慾望俱樂部》

2016 《火車情人》《紫色大稻埕》《蘇足》《紅月亮》《蜜桃熟成戀愛》

2017 《幸福來了》《車站人生》《生命桃花源》《若是來恆春》《紅包》《一個家庭的事》

2018 《種菜女神》《曾經　我們一起 12 歲》《在愛之外》《登台》

2019 《鬥陣來鬧熱》《多情城市》《程哥懺悔路》《愛的路上我和你》《疑霧公堂》《魂囚西門》《閻王瞎趴》

2020 《大林學校》《伊如陽光》

2021 《姊姊向前衝》《亞洲怪談 2：送煞》

2022 《一家團圓》《先生娘》《隨風　隨緣》《你好，我是誰？》《天下第一招》

●短片

2015	《離岸》
2016	《費洛蒙》
2017	《美麗的願望》《阿水》《孤味》
2020	《媽媽知道》《日後，回家路》
2021	《時光機》《勞動萬歲》《著迷》《收養是進步的一種選擇》
2022	《偶遇》
2023	《紅包》

●配音

2014	《桃蛙源記》
2020	《夜車》

Taiwan style L0382

戲如妳：陳淑芳的孤味人生

採訪執筆／王昀燕

策　　畫／國家電影及視聽文化中心
董 事 長／藍祖蔚
執 行 長／李智仁
副執行長／陳德齡、林佳慧
行政統籌／林琮昱、李仲豪、陳睿穎
法　　務／徐巧文
企畫執行／張雅茹
行政協力／李秀儀、莊賀竣、江宜錦
資料協力／柯伊庭、俞姵尹、蔡孟均、陳嘉惠、林永信、謝育貞、吳姵諭、陳麗平、鍾純玉、楊偉誠、趙怡鈞
宣傳協力／何品萱、林郁筑、楊　舲

編　　製／遠流台灣館
總 編 輯／黃靜宜
主　　編／蔡昀臻
美術設計／陳文德
美術編輯／丘銳致
行銷企畫／叢昌瑜
台語校讀／鄭順聰

封面暨內頁攝影（除特別標示外）／KRIS KANG 康志豪
拍攝場地／臺灣文學基地、聲色咖啡、金屋藏膠、孵咖啡洋館、青田茶館
服裝贊助／SHIATZY CHEN
梳　　化／ANITA 李倩儀

出版發行／遠流出版事業股份有限公司
發 行 人／王榮文
地　　址／台北市 104 中山北路一段 11 號 13 樓
電　　話／（02）2571-0297
傳　　真／（02）2571-0197
郵政劃撥／0189456-1
著作權顧問／蕭雄淋律師
輸出印刷／中原造像股份有限公司
2023 年 2 月 1 日　初版一刷
定價 450 元

本書為文化部重建臺灣影視聽史論述計畫、臺灣影視資產保存與再生計畫成果

ISBN 978-957-32-9943-1
遠流博識網 http://www.ylib.com E-mail: ylib@ylib.com

國家圖書館出版品預行編目 (CIP) 資料

戲如妳：陳淑芳的孤味人生｜王昀燕採訪執筆 .
-- 初版 . -- 臺北市：遠流出版事業股份有限公司 , 2023.02
304 面；　13 x 19 公分
ISBN 978-957-32-9943-1(平裝)
1.CST: 陳淑芳 2.CST: 演員 3.CST: 臺灣傳記

783.3886　　111021553